Liderança e Missão na Mentalidade Bíblica

Uma Visão Superior de Liderança

Liderança & Missão na Mentalidade Bíblica

Uma visão superior de Liderança

Robson M. Marinho, PhD

GLOBAL LEARNING PUBLISHING

Assistente Editorial: Claudia Freitas Cruz
Publicado por Global Learning Publishing
www.globallearningpublishing.com

ISBN: 978-1-7323019-6-2

DEDICATÓRIA

Aos meus alunos de liderança, que desafiam o meu potencial

Conteúdo

AGRADECIMENTOS

A Claudia, minha esposa, pela inspiração e apoio.

Introdução

A Mentalidade de Liderança e Missão

A Bíblia é uma seleção genuína de biografias de grandes líderes. Em suas histórias, encontramos líderes políticos como reis, líderes religiosos como profetas e sacerdotes, líderes organizacionais como os patriarcas e líderes militares como comandantes de exército. Alguns líderes eram mundialmente famosos, como Salomão e Ciro. Outros eram desconhecidos e anônimos, como o Bom Samaritano. Algumas dessas líderes eram mulheres, como Ester e Rute. Outros eram crianças como Miriam e a escrava de Naamã.

Também encontramos líderes de todos os temperamentos. Alguns eram hiperativos como Paulo, outros pacíficos e calmos como Moisés e Jó. Alguns eram apressados e barulhentos, como Pedro. Outros foram ponderados e cautelosos, como Abraão. Alguns eram intelectuais como Isaías e Jeremias. Outros eram mais práticos, como Paulo.

Todos eles nos ensinam uma coisa: não há liderança sem missão! Além disso, liderança e missão não dependem de cargo, nem têm a ver com temperamento, idade ou gênero. Na verdade, todos podem ser líderes com as qualidades que possuem. Isso implica que o desenvolvimento da liderança não se limita a nenhum grupo específico de pessoas ou categorias profissionais.

Em termos de metodologia de treinamento, existem diferentes abordagens seguidas em cursos e programas de desenvolvimento de lideranças. A maioria dos cursos de desenvolvimento se concentra em habilidades e técnicas ou estratégias fixas para alcançar alguns objetivos desejáveis. A desvantagem desse foco é que a liderança pode ser imprevisível, então métodos fixos podem não funcionar em todas as situações. Este livro propõe que o desenvolvimento da liderança deve se concentrar na mentalidade de missão. Nesse sentido, a mentalidade de missão fornece a estrutura para o desenvolvimento da liderança.

Em seu livro *Mindset: A Nova Psicologia do Sucesso*, Carol Dweck descreve duas mentalidades opostas, que ela chama de mentalidade fixa e mentalidade de crescimento. Segundo ela, a mentalidade fixa implica que suas qualidades são imutáveis, como "esculpido em pedra". Em contraste, ela apresenta a mentalidade de crescimento como baseada no potencial desconhecido das pessoas e na natureza em constante mudança do aprendizado.[1] Esse crescimento em constante mudança é o que a mentalidade da missão significa.

Do ponto de vista da liderança, a distinção entre a mentalidade de estratégia fixa e a mentalidade de missão crescente determina o nível de impacto na vida das pessoas. Em princípio, a estratégia se concentra nos detalhes, enquanto a mentalidade da missão se concentra no todo.

Para ilustrar esse conceito, vamos comparar brevemente a mentalidade de estratégia fixa com a mentalidade de missão:

1. A mentalidade estratégica busca desenvolver áreas específicas de atuação. Em contrapartida, a mentalidade de missão busca desenvolver todo o potencial humano.

2. A mentalidade estratégica determina a qualidade do desempenho exterior, enquanto a mentalidade de missão determina a qualidade interior.

3. A mentalidade estratégica busca o crescimento da produtividade, enquanto a mentalidade da missão busca o crescimento das pessoas.

4. A mentalidade estratégica se concentra no estilo do líder,

1

enquanto a mentalidade de missão se concentra no líder como pessoa.

5. A mentalidade estratégica explora o método de treinamento, enquanto a mentalidade de missão explora o hábito da reflexão pessoal.

6. A mentalidade estratégica propõe a prioridade do cliente, enquanto a mentalidade da missão propõe o bem-estar do cliente.

7. A mentalidade estratégica busca o sucesso, enquanto a mentalidade de missão busca a excelência.

8. A mentalidade estratégica promove o conhecimento do líder, enquanto a mentalidade de missão inspira o coração do líder.

Do ponto de vista bíblico, mais do que estratégia, liderança significa a busca da excelência na vida pessoal, profissional e espiritual, com foco na missão bíblica de servir aos seguidores! Ser líder significa desenvolver a si mesmo e aos outros em busca do potencial máximo de cada um. Muito mais do que estratégia, liderança é uma mentalidade interna para uma missão em favor das pessoas ao nosso redor.

Em *Leadership from the Inside Out: Becoming a Leader for Life*, Kevin Cashman traduz a essência da liderança de uma perspectiva holística:

> Liderança não é simplesmente algo que fazemos. Vem de uma realidade mais profunda dentro de nós; Vem de nossos valores, princípios, experiências de vida e essência. A liderança é um processo, uma expressão íntima de quem somos. É a nossa pessoa toda em ação.[2]

Do ponto de vista bíblico, a mentalidade de liderança e missão vai muito além da autoajuda ou estratégia. Vai além das qualidades pessoais. Vai além do estilo de liderança. A mentalidade de liderança e missão reflete uma transformação interior resultante de um relacionamento com Cristo e da ação da graça no coração. Uma descrição bíblica dessa mentalidade de liderança e missão pode ser resumida nas seguintes palavras:

> O homem à frente de qualquer obra na causa de Deus deve ser um homem de inteligência, um homem capaz de administrar grandes interesses com sucesso, um homem de temperamento equilibrado, tolerância semelhante a Cristo e perfeito autocontrole. Somente aquele cujo coração é transformado pela graça de Cristo pode ser um líder adequado.[3]

A liderança começa com uma atitude permanente de reflexão e autoconhecimento, que fornece a base para o desenvolvimento de habilidades de liderança. No sentido mais profundo da palavra, a mentalidade de liderança e missão segue o modelo de Jesus Cristo. O desenvolvimento dessa liderança só é possível por meio de uma profunda reflexão sobre os princípios, valores e experiências de Jesus Cristo, como exemplificado na vida de diferentes personagens bíblicos. Em síntese, esse modelo de liderança visa desenvolver a pessoa como um todo, valorizando todo o potencial humano e buscando estabelecer um conjunto de atitudes e valores essenciais inspirados no conceito bíblico.

Modelo da Mentalidade de Liderança e Missão

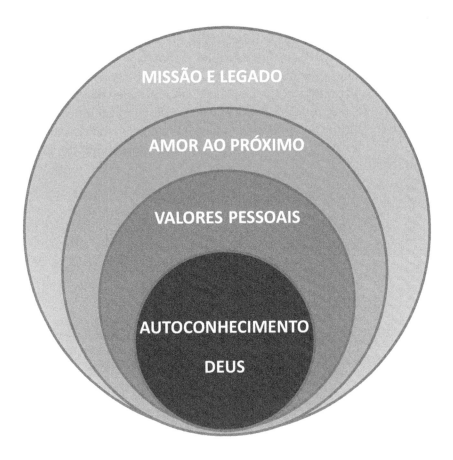

Este modelo é a base da mentalidade de liderança e missão. E um segredo: todos podem desenvolver essa mentalidade de liderança e missão na esfera em que cada um vive. Basta refletir sobre sua atitude pessoal e desenvolver uma mentalidade superior.

Este livro oferece uma série de atividades práticas cuidadosamente planejadas com esse propósito em mente. A intenção é ajudar o leitor a refletir pessoalmente e buscar o autoconhecimento como base para o crescimento pessoal e a busca da excelência na vida. Aproveite!

1
Modelo Bíblico de Liderança e Missão

A missão da igreja foi estabelecida pelo próprio Jesus Cristo em uma única frase: "Ide por todo o mundo e pregai o evangelho a toda criatura" (Marcos 16:15). Uma missão que abrange o mundo inteiro e inclui todas as pessoas do planeta representa um desafio de proporções inimagináveis. Considerando a diversidade de culturas a serem alcançadas e as necessidades físicas, emocionais e espirituais de cada pessoa em diferentes partes do mundo, essa é uma missão gigante. Cumprir tal missão requer um modelo de liderança superior baseado em princípios e valores além das teorias tradicionais de liderança.

O desafio dessa missão mundial se mostra na enorme diversidade religiosa global, com uma grande variedade de visões de mundo, múltiplas filosofias e diferentes percepções de valores éticos e espirituais. Veja a Tabela 1 para um resumo das principais religiões do mundo, com sua diversidade de sistemas filosóficos, éticos e culturais que desafiam a missão da igreja, dada a população mundial de sete bilhões.

Tabela 1: Principais religiões mundiais e número de adeptos (2011)[4]

Religião	Percentual da população mundial	Número de adeptos (bilhões)
Cristianismo	31.5	2.21
Islamismo	23.2	1.62
Ateu/não afiliado	16.3	1.14
Hinduísta	15.0	1.05
Budista	7.1	0.50
Crenças Populares	5.9	0.41
Outros	0.8	0.06
Judaísmo	0.2	0.01
Total	100.0	7.00

Liderança e Missão no Antigo Testamento

O modelo bíblico de liderança é o protótipo do conceito geral de liderança. Na verdade, esse modelo bíblico apresenta a verdadeira mentalidade de liderança em sua forma original. O Antigo Testamento descreve claramente essa mentalidade através do relacionamento de Deus com seu povo e outras nações. Do ponto de vista de Deus, a liderança sempre foi um relacionamento para cumprir uma missão específica. Não há liderança sem missão e não há missão sem liderança na Bíblia. Deus criou a mentalidade de liderança e missão e a expressou em todas as suas relações com as nações, a humanidade em geral e as pessoas individualmente.

Para visualizar a mentalidade bíblica de liderança e missão, vamos recapitular brevemente algumas cenas da liderança de Deus ao longo da história. Em vez de inspirar autores a escrever um livro sobre conceitos de liderança, o próprio Deus criou milhares de histórias de liderança para que vários autores bíblicos contassem essas histórias de liderança com toda a riqueza de conteúdo que as histórias contêm, ilustrando de tal forma que nenhum livro teórico poderia expressar. Vamos analisar brevemente algumas dessas histórias e aprender alguns conceitos muito ricos contidos nessas histórias.

A primeira história de liderança começa na criação, onde Deus se apresenta como o líder de todo o universo. Sua equipe era a Divindade, sua visão era a perfeição, seus valores fundamentais eram baseados na santidade e semelhança com a divindade, seu propósito era a humanidade, sua missão era compartilhar o governo do mundo com os seres humanos, e o método de execução era sua palavra. Veja como todos esses conceitos estão incluídos em uma única história em dois versículos bíblicos:

> E disse Deus [método]: "façamos [trabalho em equipe] o homem à nossa imagem [visão], conforme a nossa semelhança [valores fundamentais]; domine ele [missão] sobre os peixes no mar e aas aves do céu, sobre os animais domésticos, e sobre toda a terra, e sobre todo réptil que se arrasta sobre a terra." Criou, pois, Deus o homem [propósito] à sua imagem; à imagem de Deus o criou; homem e mulher os criou." (Gn 1:26-27).

Essa história encerra todo o conceito da mentalidade de liderança e missão. Um aspecto significativo é que a liderança, a missão e a palavra de Deus são inseparáveis. O termo hebraico traduzido como a palavra é *dabar*, e este termo engloba toda a dimensão do poder e liderança de Deus. Tem os significados de "expressão falada, um ditado, um comando, um discurso ou uma história – comunicação linguística em geral. *Davar* [ou *dabar*] também pode significar uma coisa, um evento ou ação. "[5]

Quando essa palavra aparece como expressão na Bíblia, significa missão. Desde os primeiros versículos do Gênesis, a palavra se manifesta em ação. Todo o poder criador de Deus está concentrado na sua palavra, pois o primeiro ato criador de Deus foi: "Disse Deus: Haja luz, e houve luz" (Gn 1, 3). Em outras palavras, para Deus não há diferença entre dizer e acontecer, expressão e ação, palavra e missão.

Os autores bíblicos tinham essa consciência da ação da palavra, como dizia o salmista: "Pois ele falou, e tudo se fez; ele mandou, e logo tudo apareceu." (Salmos 33:9). Ao longo da história bíblica, a palavra foi o método divino para ressuscitar os mortos, separar o Mar Vermelho e o Rio Jordão, produzir pão do céu, extrair água da rocha, derrubar as muralhas de Jericó, e assim por diante. As muralhas de Jericó caíram não por causa do som da trombeta, mas porque Deus havia dito que cairiam.

Liderança teocrática – Outro momento-chave na história bíblica mostra a liderança de Deus no estabelecimento da nação de Israel. Ele instituiu o governo teocrático, no qual o próprio Deus governa seu povo por meio de seus profetas. A liderança teocrática foi criada com a missão final de estabelecer uma nação que divulgasse as profecias e preparasse o mundo para a vinda do Messias. Com essa mentalidade de missão, Deus chamou Moisés para ser o primeiro grande líder do regime teocrático, com o propósito expresso de transformar uma comunidade escrava em uma nação livre comprometida com o governo de Deus e a missão de salvar a humanidade. Um breve texto bíblico resume a história da instituição da liderança teocrática:

> E agora, eis que o clamor dos filhos de Israel é vindo a mim; e também tenho visto a opressão com que os egípcios os oprimem. Agora, pois, vem e eu te enviarei a Faraó, para que tires do Egito o meu povo, os filhos de Israel (Êx. 3:9-10).

A liderança teocrática era o desígnio divino para o governo de Israel. Mais uma vez, liderança e missão aparecem inseparáveis: Deus chamou um líder para cumprir uma missão. E esse modelo de liderança teocrática funcionou brilhantemente. Sob a liderança teocrática, as pragas do Egito demonstraram a soberania divina, e o povo hebreu foi libertado da escravidão. O Mar Vermelho se separou e depois destruiu os inimigos que perseguiam o povo de Deus. Uma coluna de nuvem guiava as pessoas de dia, e uma coluna de fogo guiava e iluminava o caminho à noite. Sob a liderança teocrática, milagres aconteceram: comida do céu foi fornecida para o povo faminto, inimigos foram destruídos, o povo atravessou o deserto, o rio Jordão se abriu e o povo conquistou e entrou em Canaã, a terra prometida.

Mas a liderança teocrática não durou muito. Uma vez estabelecido na nova terra, o povo seguiu a liderança divina por algum tempo. Mas, aos poucos, foram se afastando do propósito divino, criando um ambiente de instabilidade religiosa e política. Mas Deus continuou a guiar seu povo com sua misericórdia e escolheu juízes para exercer a liderança política, religiosa e militar para o povo. Sob a instrução divina, os juízes unificaram e dirigiram as tribos hebraicas e as comandaram em tempos de guerra.

Estudiosos afirmam que é difícil estabelecer uma cronologia precisa do período dos juízes. Ao todo, o Êxodo e o período dos juízes se estenderam por cerca de quatrocentos anos, de acordo com o consenso geral. Começando com Moisés, por volta de 1440 a.C., a liderança teocrática incluiu o governo dos juízes e foi até a coroação de Saul como o primeiro rei de Israel, por volta de 1050 a.C.

A transição da liderança teocrática para a liderança autocrática ou monarquia impactou a história do povo hebreu de forma marcante e permanente. Em sua sabedoria, Deus advertiu claramente o povo sobre as características negativas da liderança autocrática e as implicações diretas que o estilo autocrático teria na sociedade e na vida social do povo em geral.

A história é dramática, e a Bíblia pinta vividamente os detalhes dessa mudança no estilo de liderança. Veja nas próprias palavras da história bíblica:

Disse o Senhor a Samuel: Ouve a voz do povo em tudo quanto te dizem, pois não é a ti que têm rejeitado, porém a mim, para que eu não reine sobre eles. Conforme todas as obras que fizeram desde o dia em que os tirei do Egito até o dia de hoje, deixando-me a mim e servindo a outros deuses, assim também fazem a ti. Agora, pois, ouve a sua voz, contudo lhes protestarás solenemente, e lhes declararás qual será o modo de agir do rei que houver de reinar sobre eles. Referiu, pois, Samuel todas as palavras do Senhor ao povo, que lhe havia pedido um rei, e disse: Este será o modo de agir do rei que houver de reinar sobre vós: tomará os vossos filhos, e os porá sobre os seus carros, e para serem seus cavaleiros, e para correrem adiante dos seus carros; e os porá por chefes de mil e chefes de cinquenta, para lavrarem os seus campos, fazerem as suas colheitas e fabricarem as suas armas de guerra e os petrechos de seus carros. Tomará as vossas filhas para perfumistas, cozinheiras e padeiras. Tomará o melhor das vossas terras, das vossas vinhas e dos vossos olivais, e o dará aos seus servos. Tomará e dízimo das vossas sementes e das vossas vinhas, para dar aos seus oficiais e aos seus servos. Também os vossos servos e as vossas servas, e os vossos melhores mancebos, e os vossos jumentos tomará, e os empregará no seu trabalho. Tomará o dízimo do vosso rebanho; e vós lhe servireis de escravos. Então naquele dia clamareis por causa de vosso rei, que vós mesmos houverdes escolhido; mas o Senhor não vos ouvirá. O povo, porém, não quis ouvir a voz de Samuel; e disseram: Não, mas haverá sobre nós um rei, para que nós também sejamos como todas as outras nações, e para que o nosso rei nos julgue, e saia adiante de nós, e peleje as nossas batalhas. Ouviu, pois, Samuel todas as palavras do povo, e as repetiu aos ouvidos do Senhor. Disse o Senhor a Samuel: Dá ouvidos à sua voz, e consistiu-lhes rei. (I Samuel 8:7-22).

A teocracia do povo hebreu estava acabando. Era o início da monarquia e da liderança autocrática para o governo de Israel. O povo rejeitou o modelo divino de liderança e missão, e um novo modelo de liderança foi implantado. A história bíblica revela que a monarquia cumpriu o que foi predito, com todas as marcas do estilo de liderança autocrático.

Liderança no Vocabulário Bíblico

Várias palavras na Bíblia são usadas para descrever as atividades de liderança, gerenciamento, autoridade e poder. Mas é significativo que termos que denotam poder e autoridade raramente são usados na Bíblia, em contraste com o uso frequente de palavras que indicam serviço e ação em nome das pessoas.

Designações comuns de liderança hebraica como *nagid* (homem no topo) e *ro'osh* (cabeça) e termos gregos como *arche* (literalmente o "acima") e *hodegos* (guia, líder do caminho) raramente são usados para descrever líderes entre o povo de Deus. Em vez disso, os termos mais comuns de designação bíblica e auto-designação empregados em relação aos líderes piedosos são estes: servo (hebraico: *ebed*; Grego: *doulos, huperetes, oikonomos*) e pastor (hebraico: *ra'ah*; Grego: *poimein, poimaino*).[6]

Os exemplos abaixo demonstram como a Bíblia descreve os líderes escolhidos por Deus para cumprir a missão:

- Moisés, servo do Senhor, morreu ali em Moabe (Deut. 34:5).

- Josué, filho de Freira, servo do Senhor, morreu (Josué 24:29).

- Deus de Israel, guarda para o teu servo Davi, meu pai, as promessas que fizeste (1 Reis 8:25).

- O Senhor fez o que anunciou por meio de seu servo Elias. (2 Reis 10:10).

O Novo Testamento repete o mesmo conceito aplicado a uma variedade de contextos diferentes:

Nos escritos de Paulo, o verbo *proistēmi* ocorre oito vezes. Seu uso deste verbo abrange toda a moldura de seus escritos, de 1 Tessalonicenses a 1 Timóteo. Em suas primeiras e últimas cartas, o verbo ocorre em contextos que descrevem as funções de liderança da igreja. Na verdade, é um dos poucos termos que temos no Novo Testamento que nos dá alguma indicação de funções de liderança nessas primeiras igrejas domésticas paulinas. No entanto, é um termo intrigante, estando aberto a várias opções de tradução. A Versão Padrão Revisada, por exemplo, a traduziu em Romanos 12:8 como "aquele que dá auxílio". Ainda assim, a Nova Versão Internacional traduz esse contexto como "se é liderança...." A versão de Weymouth sugere "aquele que preside." [7]

Em outras palavras, o conceito de liderança na Bíblia não faz distinção entre posição e serviço. Pelo contrário, a mesma palavra pode se referir a ambas as ideias no contexto da missão. A mentalidade de liderança na Bíblia não se restringe a um título ou posição. Em outras palavras é uma missão a ser cumprida em favor de um propósito supremo a serviço dos outros.

Liderança e Missão no Novo Testamento

O conceito de liderança do Novo Testamento apresenta uma conexão íntima entre autoridade e serviço, posição e ação, liderança e missão. A história bíblica mostra Jesus como o próprio autor e líder supremo da missão de salvação da humanidade. De fato, no texto clássico de missão do Novo Testamento, a autoridade máxima de Jesus como líder no céu e na terra é expressa no contexto da missão, conforme relatado em Mateus:

> E, aproximando-se Jesus, falou-lhes, dizendo: Foi-me dada toda a autoridade no céu e na terra. Portanto ide, fazei discípulos de todas as nações, batizando-os em nome do Pai, e do Filho, e do Espírito Santo; ensinando-os a observar todas as coisas que eu vos tenho mandado; e eis que eu estou convosco todos os dias, até a consumação dos séculos. (Mateus 28 :18-20).

Em outras palavras, a missão não é opcional ou ocasional na mentalidade bíblica. A missão bíblica é a própria expressão da liderança de Cristo estabelecida pela autoridade da Trindade. A missão vem "em nome do Pai, do Filho e do Espírito Santo". Mais do que um projeto de liderança temporário ou um programa ocasional, a mentalidade bíblica de liderança e missão inclui a presença permanente do líder

Jesus Cristo. Como ele diz: "E eis que eu estou convosco todos os dias, até a consumação dos séculos". Esta é a visão bíblica da liderança: um líder sempre presente, com autoridade da Divindade, realizando a missão final de fazer discípulos, batizar e ensinar.

A história dos apóstolos ilustra bem o modelo bíblico de liderança e missão. A igreja de Antioquia, por exemplo, tornou-se um centro de liderança para a igreja primitiva. Como a capital da província romana da Síria e um importante ambiente cultural do império, Antioquia foi o cenário da conversão de muitos gentios, incluindo pessoas influentes e letradas. A interação desses conversos gentios com os apóstolos produziu um ambiente de treinamento teológico e ministerial. Isso fez de Antioquia a igreja líder para os cristãos gentios, assim como a igreja de Jerusalém era a igreja líder para os cristãos judeus. Isso explica a ascensão de vários profetas e professores que se tornaram uma comunidade de líderes cristãos do primeiro século.

Antioquia representa bem a mentalidade de liderança e missão que se desenvolveu na igreja primitiva. Muitos missionários foram treinados e enviados para o campo missionário a partir dessa igreja. E foi exatamente nesta igreja com tantos líderes que Deus demonstrou novamente a mentalidade de liderança e missão. Deus chamou dois dos mais destacados líderes da igreja para a grande missão de pregar os evangelhos ao mundo gentio. Foi assim que Paulo e Barnabé foram chamados para iniciar a primeira viagem missionária dos apóstolos:

> Ora, na igreja em Antioquia havia profetas e mestres, a saber: Barnabé, Simeão, chamado Níger, Lúcio de Cirene, Manaen, companheiro de infância de Herodes o tetrarca, e Saulo. 2 Enquanto eles ministravam perante o Senhor e jejuavam, disse o Espírito Santo: Separai-me a Barnabé e a Saulo para a obra a que os tenho chamado (Atos 13:1-2).

Com esse chamado missionário, Deus deixou claro que separar liderança da missão é impossível. Era importante que os líderes se desenvolvessem em Antioquia. Ainda assim, não era o propósito de Deus que os líderes permanecessem em Antioquia para sempre. No propósito de Deus, a liderança tinha que produzir a missão como um fator inseparável. Foi assim que Paulo nos deixou o legado da primeira viagem missionária que resultou na formação de várias igrejas cristãs que depois se multiplicaram, produzindo novos líderes e novas igrejas. Esta é a mentalidade bíblica de liderança e missão.

O Modelo de Liderança Cristã

Como síntese da mentalidade bíblica de liderança e missão, o modelo de liderança cristã é inteiramente baseado no conceito bíblico de liderança e governo, seguindo o pensamento judaico-cristão sobre serviço altruísta e relações humanas benevolentes. É uma teoria essencialmente espiritual que se inspira no modelo de Deus como líder supremo a serviço de sua criação. Como discutido acima, esse modelo é ilustrado na história do governo teocrático antes da implementação da monarquia na nação de Israel, onde Deus governava o povo judeu por meio de instruções diretas aos profetas e sacerdotes.

Um exemplo claro do governo teocrático e do conceito bíblico de liderança é a nomeação por Deus do líder que seria o sucessor de Moisés e governaria o povo de Israel. A narrativa bíblica descreve a nomeação do novo líder: "Então disse o Senhor a Moisés: Toma a Josué, filho de Num, homem em quem há o Espírito, e impõe-lhe a mão" (Números 27:18).

De acordo com o conceito bíblico, a liderança cristã é caracterizada por valores fundamentais que formam a base para capacitar os líderes a definir "sua visão, missão, relacionamentos, motivos e decisões." [8] Esses valores fundamentais estão claramente presentes nos ensinamentos de Jesus Cristo aos seus discípulos, conforme resumido abaixo.

Amor – Jesus estabeleceu o amor como o fundamento absoluto do cristianismo e da liderança cristã. Ele repetiu sua filosofia de amor ao próximo inúmeras vezes em suas mensagens, e isso aparece expressamente em vários textos bíblicos. Eis um exemplo clássico: "Um novo mandamento vos dou: Que vos ameis uns aos outros; como eu vos amei a vós, que também vós uns aos outros vos ameis. Nisto todos conhecerão que sois meus discípulos, se vos amardes uns aos outros" (João 13:34-35).

Além do amor a Deus e ao próximo, Cristo amplia as dimensões da liderança cristã para estender o amor até mesmo aos inimigos, o que tem sido um conceito revolucionário ao longo dos milênios e ainda desafia o pensamento humano: "Mas a vós, que ouvis, digo: Amai a vossos inimigos, fazei bem aos que vos aborrecem, bendizei os que vos maldizem e orai pelos que vos caluniam." (Lucas 6:27-28).

Serviço — O serviço é a essência da liderança cristã e determina o foco absoluto para os líderes cristãos. Esse conceito está na base dos ensinamentos de Cristo:

> Jesus, pois, chamou-os para junto de si e lhes disse: Sabeis que os governadores dos gentios os dominam, e os seus grandes exercem autoridades sobre eles. Não será assim entre vós; antes, qualquer que entre vós quiser tornar-se grande, será esse o que vos sirva; e qualquer que entre vós quiser ser o primeiro, será vosso servo; assim como o Filho do homem não veio para ser servido, mas para servir, e para dar a sua vida em resgate de muitos. (Mateus 20:25-28).

Doação e compaixão — Muito antes da ênfase atual na responsabilidade social, Jesus desenvolveu o conceito de que a doação e a compaixão são a própria natureza da liderança. Esse conceito não exclui a necessidade de lucro. Ainda assim, a liderança cristã prioriza a doação em detrimento do lucro, por mais radical que possa parecer. Os apóstolos que lideraram a igreja cristã no primeiro século apoiaram este conceito de compaixão: "Tenho-vos mostrado em tudo que, trabalhando assim, é necessário auxiliar os enfermos e recordar as palavras do Senhor Jesus, que disse: Mais bem-aventurada coisa é dar do que receber." (Atos 20:35).

Serenidade e fé – Totalmente oposta à estressante cultura de gestão ansiosa e ambição, a liderança cristã propõe uma cultura de serenidade e fé:

> E, quanto ao vestuário, porque andais solícitos? Olhai para os lírios do campo, como eles crescem; não trabalham, nem fiam. E eu vos digo que nem mesmo Salomão, em toda a sua glória, se vestiu como qualquer deles. Pois, se Deus assim veste a erva do campo, que hoje existe e amanhã é lançada no forno, não vos vestirá muito mais a vós, homens de pequena fé? (Mateus 6:28–30).

Humildade – A liderança cristã valoriza a humildade sobre o orgulho pessoal e a adulação, em vez dos conceitos seculares de prestígio e fama: "Porque qualquer que a si mesmo se exalta será humilhado, e qualquer que a si mesmo se humilha será exaltado. (Lucas 18:14).

Esses conceitos e valores resumem a visão bíblica e cristã da liderança. Essa lista poderia ser ampliada com aplicações práticas para diferentes áreas de liderança. Em resumo, o modelo de liderança cristã estabelece um padrão incrivelmente alto de serviço altruísta para o bem de cada pessoa, baseado na motivação espiritual inspirada na vida apresentada por Jesus Cristo.

Alguns conceitos de liderança cristã são compartilhados com o modelo de liderança servidora. No entanto, a diferença básica entre os dois modelos é que a liderança cristã está inseparavelmente ligada à cosmovisão bíblica e aos ensinamentos espirituais de Jesus Cristo. Em contraste, o modelo de liderança servidora aplica conceitos semelhantes a qualquer visão de mundo, cristã ou não, e a qualquer cultura independente de sua tradição filosófica ou religiosa.

Exemplos típicos de liderança cristã podem ser encontrados entre os líderes na Bíblia. A começar pelo próprio Jesus Cristo, o fundador do cristianismo que incorporou e viveu os princípios de amor ao próximo que ensinou durante sua vida. Sua vida de sacrifício em benefício da humanidade representou a expressão máxima do serviço aos seus seguidores. Seu compromisso em servir às necessidades dos outros até a morte levou muitos a considerá-lo o maior líder de todos os tempos.

Outro exemplo é o apóstolo Paulo, que fundou inúmeras igrejas na missão de difundir o cristianismo. Ele multiplicou o número de seguidores cristãos em proporções gigantescas. E espalhou o cristianismo por todo o mundo conhecido da época, com um nível de produtividade igualado por poucos na história da humanidade.

Outros exemplos incluem os doze apóstolos como parte da expansão cristã no primeiro século. Além disso, os autores evangélicos Mateus, Marcos, Lucas e João dotaram a humanidade com o registro histórico da vida e dos ensinamentos de Jesus Cristo, influenciando a filosofia e o pensamento humano para todas as gerações.

2
A Bíblia e as Teorias de Liderança

U m fato notável na história da humanidade é que, até onde o estudo histórico revela, nunca houve uma sociedade humana sem líderes e liderados. Os registros arqueológicos mais antigos da humanidade frequentemente se referem às relações entre governadores e governados, comandantes e guerreiros, mestres e discípulos, construtores e servos, proprietários e empregados, sacerdotes e adoradores. Isso indica claramente que as sociedades e as instituições sempre se estruturaram em torno das relações e compromissos mútuos entre líderes e seus seguidores.

Já no antigo Egito, hieróglifos que datam de milênios antes de Cristo descreviam essas relações entre líderes e liderados. De fato, alguns textos educacionais de 2300 a.C. mencionam as três qualidades essenciais atribuídas aos faraós: autoridade, percepção e justiça. Na filosofia grega, a *República* de Platão descreve os requisitos necessários para um líder ideal em um estado ideal, e Aristóteles se referiu à falta de virtude nos candidatos à liderança política em seu tempo, como registrado em sua famosa obra *Política*. Aristóteles quase faz parecer que estava vivendo nos dias atuais![9]

Por se tratar de uma atividade tão antiga quanto os próprios seres humanos, não é de se estranhar que a liderança tenha sido objeto de estudo de sábios e filósofos em um passado distante. Consequentemente, muitas teorias de liderança diferentes caracterizam diferentes escolas de pensamento o longo da história. De fato, diferentes teorias de liderança têm proposto inúmeras estratégias para desvendar o mistério de qual é o melhor estilo de liderança ou a melhor abordagem para maximizar o desempenho de uma pessoa como líder, tentando obter os resultados mais eficazes e produtivos.

A liderança é um fenômeno que sempre chamou a atenção das pessoas pensantes. Os estudantes da natureza e do comportamento humano sempre procuraram descobrir quais fatores interpessoais levam algumas pessoas ao sucesso como líderes influentes e quais fatores determinam se um grupo de seguidores aceitará um líder.

O grande desafio começa com a própria definição de liderança, que tem sido um tema muito debatido e com pouquíssimo consenso entre os estudiosos. Ao longo da história, as definições de liderança variaram muito de acordo com o pensamento e as tendências da época, como resume Bass:

Na década de 1920, liderança era impor o poder do líder sobre os liderados induzindo obediência, respeito, lealdade e cooperação. Na década de 1930, a liderança era considerada um processo através do qual muitos eram organizados para se mover em uma direção específica pelo líder. Na década de 1940, liderança era a capacidade de persuadir e direcionar além dos efeitos do poder, posição ou circunstâncias. Na década de 1950, liderança era a atuação líderes nos grupos e a autoridade concedida aos líderes pelos membros do grupo. Na década de 1960, liderança era a influência para mover os outros em uma direção compartilhada. Na década de 1970, a influência do líder era vista como arbitrária, variando de um membro para outro. Na década de 1980, liderança era inspirar outras pessoas a agir com propósito. Na década de 1990, liderança era a influência do líder e dos seguidores que pretendiam fazer mudanças reais que refletiam seus propósitos comuns. Na primeira década do século XXI, o líder é visto como a pessoa responsável pelas ações da organização.[10]

Assim como as definições de liderança, os estudos teóricos sobre o fenômeno da liderança também passaram por diferentes fases ao longo do tempo, especialmente no século XX, quando o tema passou a receber tratamento acadêmico e estudo científico adequados. Resumindo, Chemers divide o estudo científico das teorias da liderança em três períodos distintos: o período dos traços pessoais, por volta de

1910 até a Segunda Guerra Mundial, o período do comportamento, do início da Segunda Guerra Mundial até o final dos anos 1960, e o período de contingência, do final dos anos 1960 até o presente. [11]

Os tópicos a seguir apresentam uma visão panorâmica das teorias de liderança classificadas em três grupos distintos de acordo com a proposição filosófica de cada teoria e sua relação com o conceito de liderança altruísta. Em resumo, as teorias de liderança podem ser agrupadas nessas três categorias: teorias orientadas para líderes, teorias orientadas para processos e teorias orientadas para a missão.

A Bíblia e as Teorias Centralizadas no Líder

A *República* de Platão foi a primeira literatura elaborada sobre liderança política na Europa. Esse trabalho analisou os tipos de governo existentes. Segundo Platão, "monarquia é a melhor, mas impraticável; nas oligarquias, o domínio de poucos e a busca da riqueza dividem as sociedades – os ricos se desmoralizam e os pobres invejosos, e não há harmonia no Estado. Numa democracia, em que os pobres levam vantagem, os demagogos distribuem um tipo peculiar de justiça a iguais e desiguais imparcialmente. Em seu tempo, Platão já abordava a questão da corrupção, que poderia levar à tirania, considerada por ele como uma das piores formas de governo.[12]

Algumas teorias tradicionais de liderança tendem a considerar o líder como um ser humano superior, dotado de características extraordinárias ou favorecido por circunstâncias especiais. Algumas dessas teorias são discutidas a seguir.

Maquiavel versus a Mentalidade Bíblica

Embora nem todos considerem Maquiavel um teórico da liderança, um dos sistemas de liderança mais antigos é a abordagem maquiavélica da teoria política, que descreve os riscos do exercício do poder e os desafios envolvidos na preservação do status político. Nicolau de Bernardo dei Machiavelli (1469-1527) foi um historiador italiano, com sua base em Florença durante o Renascimento. Como funcionário público, esteve envolvido nos eventos que derrubaram a família Médici do trono real depois que a dinastia governou Florença por quase um século. A república foi estabelecida, mas as disputas de poder continuaram com sucessivas revoltas e novos governantes ascendendo ao poder. Após a queda de Savonarola em 1498, Maquiavel foi nomeado secretário da república e realizou missões diplomáticas na

Itália e na França. Finalmente, a família Médici recuperou o poder em 1512, e Maquiavel perdeu sua posição política e foi enviado para o exílio, onde continuaria a contatar políticos influentes na esperança de retornar ao seu posto anterior, o que nunca aconteceu. Ele escreveu várias obras enquanto estava exilado, incluindo sua obra prima, *O Príncipe*.

Além de diplomata, Maquiavel foi poeta, músico e dramaturgo. Como filósofo político e humanista, ele é considerado o fundador da ciência política moderna porque descreveu o Estado e o governo não como deveriam ser, mas sim como realmente são.

Publicado em 1513, seu famoso livro *O Príncipe* afirma que os líderes precisam ser firmes e fazer da manutenção do poder, da autoridade e da ordem no governo suas principais prioridades. Segundo ele, o ideal é alcançar esses três objetivos conquistando a simpatia popular, mas se essa opção não estiver disponível, ameaças e fraudes podem ser necessárias.

Maquiavel descreveu sua teoria analisando métodos bem-sucedidos usados por reis e governadores em diferentes épocas da história ao redor do mundo, incluindo os grandes impérios globais. Em sua perspectiva, mesmo os governadores mais nobres e generosos precisavam ser sutis para escapar da traição e usurpação do trono. Segundo ele, "pode parecer, talvez, a alguns que examinaram a vida e morte dos imperadores romanos que muitos deles seriam um exemplo contrário à minha opinião, visto que alguns deles viviam nobremente e mostravam grandes qualidades de alma. No entanto esses ou perderam seu império ou foram mortos por súditos que conspiraram contra eles." [13]

Em outras palavras, existem duas formas básicas de manter o poder: a lei, que é o método humano, e a força, que é o método típico entre os animais. Segundo Maquiavel, o príncipe deve ser proficiente tanto na lei quanto na força, e considerando que a lei geralmente não é suficiente para manter o poder, torna-se necessário recorrer à força para atingir o objetivo.

Em resumo, a filosofia de Maquiavel sugere que as pessoas obtêm o poder através de seis métodos diferentes, que são hereditariedade, força militar, destino e acaso, crime, aclamação popular e meios eclesiásticos. Sua filosofia de liderança continua a influenciar o pensamento na ciência política até hoje. De fato, "a maioria dos teóricos políticos, de Maquiavel a Marx até os cientistas políticos acadêmicos do século XXI, concebia o poder como a base da liderança política." [14]

A perspectiva pragmática de Maquiavel certamente ajuda a esclarecer as razões pelas quais a maioria dos líderes políticos ao longo da história falhou em promover a paz, destacando a tendência de os políticos defenderem seu próprio poder a qualquer custo, inclusive usando outras pessoas como meros meios para seus fins. De uma perspectiva ética, "Maquiavel havia projetado algumas noções que só eram localmente aplicáveis, na melhor das hipóteses, em uma ideologia de crueldade e egoísmo. Mais do que mero egoísmo; no cerne do maquiavelismo estava o conceito mais pernicioso e desumano de todos: o tratamento de outras pessoas, de outros líderes, como *coisas*." [15]

Embora seus métodos políticos ainda sejam considerados relevantes em diferentes níveis, exemplos extremos da aplicação radical da teoria de Maquiavel na história incluem alguns dos crimes de massa cometidos ao longo da história. Ditadores comunistas como Vladimir Lenin (Rússia), Joseph Stalin (Rússia), Mao Tsé-Tung (China) e o ditador nazista Adolf Hitler (Alemanha) perpetraram uma lista de crimes contra a humanidade estimada em mais de cem milhões de vítimas de diferentes tipos de assassinatos em massa, como democídio, politicídio, classicismo e genocídio. De fato, de acordo com a Enciclopédia do Genocídio, Stalin aparece no topo da lista de crimes contra civis, com quarenta e três milhões de assassinatos, seguido por Mao Tsé-Tung com trinta e oito milhões, Hitler com vinte e um milhões e Lenin com mais de oito milhões de vítimas da Guerra Civil Russa.[16]

Tudo isso em nome da preservação do poder do governo, usando como pretexto uma radicalização extrema da filosofia marxista e dos conceitos descritos por Maquiavel. Isso nos leva a questionar se a esperança de paz mundial estaria diretamente relacionada às teorias de liderança e sua aplicação no contexto local e global.

Além do contexto político, Burns enfatiza a aplicação maliciosa de princípios maquiavélicos em manuais populares de "como vencer" ensinando muitas técnicas sobre como obter sucesso no mercado derrotando outras pessoas:

A principal falha desses manuais é mais perniciosa. Embora poucos deles hoje emulem o mestre ao oferecer conselhos maquiavélicos sobre como coagir, controlar ou enganar outras pessoas, muitos procuram treinar pessoas para gerenciar e manipular outras pessoas em vez de liderá-las. A técnica geralmente é a da manipulação do mercado: jogar com desejos e necessidades de baixa ordem e criar esperanças e aspirações onde antes não existiam, por meio do bombardeio de promoção e propaganda.[17]

A verdadeira liderança se opõe à coerção, ao controle e à manipulação. Em vez de intimidar e pressionar, a liderança por excelência inspira o melhor de dentro das pessoas, desenvolvendo seu maior potencial e ideais.

Muito antes de Maquiavel, a Bíblia está cheia de exemplos e histórias de líderes que personificaram as qualidades negativas posteriormente estudadas e descritas por Maquiavel em seu livro *O Príncipe*. Alguns exemplos claros de líderes bíblicos maquiavélicos podem ser resumidos nas seguintes histórias:

Roboão – Roboão é um exemplo típico do estilo maquiavélico de liderança voltado para a opressão, a fim de controlar a população através do medo e da submissão. Seu pai, Salomão, tinha sido um rei sábio que governara bem Israel. Mesmo assim, o povo estava cansado dos altos impostos e pediu ao novo rei Roboão que aliviasse a carga de impostos e carga de trabalho. Em consulta com seus jovens conselheiros, Roboão se convenceu de que, para manter o poder, ele teria que ser duro e rigoroso com o povo para que todos se submetessem à sua autoridade. E foi assim que Roboão respondeu ao povo de acordo com a teoria da liderança mais tarde proposta por Maquiavel: "Meu dedo mínimo é mais grosso do que os lombos de meu pai. Assim que, se meu pai vos carregou dum jugo pesado, eu ainda aumentarei o vosso jugo; meu pai vos castigou com açoites; eu, porém, vos castigarei com escorpiões." (I Reis 12:10-11).

Ouvindo essa resposta, o povo se rebelou contra o novo rei e rejeitou seu governo, dividindo o país e criando um novo governo sob Jeroboão. Essa história mostra claramente a falácia da teoria maquiavélica da liderança.

Acabe e Jezabel – A história de Acabe e Jezabel governando Israel com opressão, crime e corrupção retrata o modelo de liderança de

Maquiavel. O poder foi mantido por meio do crime e da violência institucionalizados. Foi o que aconteceu quando Nabote se recusou a ceder ao rei a propriedade herdada pela família e mantida ao longo de várias gerações. A propriedade foi preservada como uma herança sagrada de família em memória dos antepassados. O rei propôs a compra da vinha, que Nabote recusou por respeito à tradição da família. Diante do desagrado do rei, a rainha Jezabel ativou o esquema político corrupto e autoritário usando agentes do governo para levantar falsas testemunhas e acusações mentirosas contra Nabote como pretexto para condená-lo à morte e tomar posse da propriedade. E foi exatamente o que aconteceu:

> Ao que Jezabel, sua mulher, lhe disse: Governas tu agora no reino de Israel? Levanta-te, come, e alegre-se o teu coração; eu te darei a vinha de Nabote, o jizreelita. Então escreveu cartas em nome de Acabe e, selando-as com o sinete dele, mandou-as aos anciãos e aos nobres que habitavam com Nabote na sua cidade. Assim escreveu nas cartas: Apregoai um jejum, e ponde Nabote diante do povo. E ponde defronte dele dois homens, filhos de Belial, que testemunhem contra ele, dizendo: Blasfemaste contra Deus e contra o rei. Depois conduzi-o para fora, e apedrejai-o até que morra. (I Reis 21:7-10).

Crime e opressão são o oposto de liderança. A liderança valoriza as pessoas, a opressão humilha as pessoas. A liderança empodera as pessoas, a opressão usa as pessoas. A liderança constrói, a opressão destrói.

Herodes - Informado pelos sábios do Oriente de que um novo rei dos judeus havia nascido em cumprimento às profecias, Herodes, o Grande, reagiu no estilo mais típico de liderança maquiavélica. Sem saber exatamente quem e onde estava o futuro rei rival, Herodes decreta o massacre e a destruição de todos os meninos aproximadamente da idade do tempo em que os magos o informaram do novo rei, a fim de preservar seu poder e garantir que seu trono não fosse ameaçado pelo novo rei da profecia, como descreve a Bíblia:

> Então, Herodes, vendo que tinha sido iludido pelos magos, irritou-se muito e mandou matar todos os meninos que havia em Belém e em todos os seus contornos, de dois anos para baixo, segundo o tempo que diligentemente inquirira dos magos. (Mateus 2:16).

22

A filosofia maquiavélica da liderança opressora e criminosa é o extremo oposto do modelo bíblico de liderança que se baseia no amor às pessoas e no serviço para o bem dos liderados.

A Bíblia e a Teoria dos Traços

A teoria dos traços baseia-se na premissa de que os líderes possuem traços de personalidade que os distinguem dos seguidores, e está focada em descobrir quais características individuais podem ser associadas à liderança. Bass descreve vários estudos que analisam diferentes tipos de características e seu impacto nas qualidades de liderança. Entre seus estudos estão traços físicos como aparência, altura e peso; traços mentais como inteligência, habilidade verbal e erudição; traços psicológicos como extroversão, autoconfiança, sociabilidade e controle emocional; traços éticos como integridade e responsabilidade; características socioeconômicas; e prestígio pessoal. Em outras palavras, a teoria dos traços pressupõe que as pessoas nascem com algumas características privilegiadas que as tornam líderes, excluindo as pessoas que não as têm, o que parece caracterizar uma atitude discriminatória.

Esta teoria tornou-se muito popular por causa da tendência humana de valorizar as primeiras impressões e atribuir vantagens à aparência física. De fato, alguns estudos confirmam que pessoas que parecem boas tendem a ser mais atraentes, o que pode ser facilmente confundido com capacidade de liderança. Na prática, parece haver uma percepção geral de que características físicas podem ter impacto no potencial de liderança. Muitas pessoas tendem a considerar a estatura física como um traço de liderança desejável. Como exemplo, "quando confrontados com adversários mais altos em debates televisivos, candidatos presidenciais mais baixos, como Jimmy Carter e Michael Dukakis, foram colocados em plataformas elevadas. Frederico, o Grande, exigiu que todos os seus soldados fossem altos; no entanto, Napoleão é frequentemente citado como um exemplo de que um homem de pequena estatura pode ascender a uma posição de grande poder." [18]

A teoria dos traços foi amplamente aceita até a década de 1940, juntamente com a popularidade dos testes de personalidade. A partir de então, declinou, com o surgimento de novos estudos e outros enfoques, particularmente a ênfase no comportamento de liderança. Analisando 128 estudos em 1948, Ralph Stogdill encontrou resultados inconsistentes com a teoria dos traços, levando-o a concluir que os traços por si só não podem identificar bons líderes. Sua pesquisa realmente desafiou a universalidade dos traços de liderança ao sugerir que "nenhum conjunto consistente de traços diferenciava líderes de não-líderes em uma variedade de situações. Um indivíduo com traços de liderança que foi líder em uma situação pode não ser líder em outra." [19] Suas descobertas mudaram o foco da liderança como uma qualidade pessoal para a liderança como um relacionamento: "Os fatores pessoais relacionados à liderança continuam a ser importantes, mas os pesquisadores argumentam que esses fatores deveriam ser considerados como relativos às exigências da situação." [20]

A Bíblia claramente rejeita a teoria dos traços e se opõe à ideia de que a liderança depende de um conjunto predeterminado de características físicas ou mentais. Quando Deus quis escolher o novo rei de Israel para substituir Saul, Deus enviou o profeta Samuel para escolher um dos filhos de Jessé. Vendo o porte nobre do primeiro filho de Jessé, Samuel inicialmente se sentiu influenciado pela filosofia da teoria dos traços e quis escolher Eliabe para ser o novo monarca. Mas Deus lembrou a Samuel que a filosofia divina da liderança é completamente oposta à filosofia humana da teoria dos traços. Para surpresa de Samuel, Deus tinha outra filosofia e outro líder em mente. O critério divino era muito claro:

> Mas o Senhor disse a Samuel: Não atentes para a sua aparência, nem para a grandeza da sua estatura, porque eu o rejeitei; porque o Senhor não vê como vê o homem, pois o homem olha para o que está diante dos olhos, porém o Senhor olha para o coração. (I Samuel 16:7).

Do ponto de vista bíblico, as qualidades de liderança não são exclusivas de algum grupo privilegiado por dons especiais, mas são habilidades aprendidas e desenvolvidas através da experiência, com um compromisso com os valores pessoais, com a valorização das pessoas e com a consciência de uma missão suprema. de origem divina.

Outras teorias compartilham um foco semelhante nas qualidades do líder como fator determinante da liderança, como a noção de liderança carismática.

A Bíblia e a Liderança Carismática

Outras teorias voltadas diretamente para a figura do líder, como a teoria dos traços, são a teoria da liderança carismática e a teoria do grande-homem, que diferem nos detalhes, mas basicamente propõem o mesmo foco em tornar a liderança inerentemente dependente da personalidade e das qualidades do líder como um grande herói. No início do século XX, inúmeros estudos sobre liderança exploravam os traços e atributos que separavam os líderes daqueles que não eram líderes.

Assim como a teoria dos traços, essa teoria se tornou muito popular na primeira metade do século, mas perdeu sua credibilidade nas décadas posteriores. A premissa básica dessa teoria é que os grandes acontecimentos da história dependiam da existência de grandes homens ou heróis que determinaram o curso da história. "Para muitos comentaristas, a história é moldada pela liderança de grandes homens. Sem Moisés, segundo esses teóricos, os judeus teriam permanecido no Egito; sem Winston Churchill, os britânicos teriam desistido da guerra em 1940; sem Bill Gates, não teria havido organização como a Microsoft." [21]

Da mesma forma, a teoria da liderança carismática descreve líderes como pessoas com habilidades extraordinárias. Essa teoria foi proposta por Max Weber, que introduziu o termo carisma nas ciências sociais como um atributo distinto da liderança. Weber descreve a liderança carismática nos seguintes termos: "Os líderes carismáticos são altamente expressivos, articulados e emocionalmente atraentes. Eles são autoconfiantes, determinados, ativos e enérgicos. Seus seguidores querem se identificar com eles, ter total fé e confiança neles e mantê-los admirados. Geralmente, líderes carismáticos têm fortes efeitos positivos sobre seus seguidores." [22]

Esse foco na personalidade e atributos ou habilidades extraordinárias tende a criar um retrato estereotipado do líder que discrimina pessoas que não se encaixam nesse padrão. Além disso, esse estereótipo é baseado em alguma ideologia preconcebida em algum momento da história. Uma ideologia histórica que tem implicações para essas teorias de liderança é o arianismo, que consiste basicamente em uma teoria de discriminação étnica e racial. Essa ideologia foi promovida pelo movimento nazista no pressuposto de que a prosperidade nacional levaria a uma sociedade superior "compartilhada por aqueles que eram dignos por raça (os arianos) de participar da 'nova ordem' mundial. As outras raças deveriam ser realocadas, escravizadas ou exterminadas." [23]

Um seguidor radical da linha de pensamento ariana foi Adolf Hitler, que propôs a superioridade física não apenas no exercício da liderança, mas como credencial para a cidadania superior. Na realidade, Hitler e os nazistas adotaram o arianismo radical, segundo o qual a 'raça pura e ideal' era representada por povos nórdicos e germânicos, e eles deveriam dominar o mundo e eliminar as outras raças sob o pretexto de grandes nações serem formadas por grandes raças, que naturalmente desenvolvem os traços de boa saúde, inteligência, e coragem.

Hitler valorizava a força física e, para ele, a superioridade genética consistia em cabelos loiros, olhos azuis, alta estatura e um físico forte. Naturalmente, esse fanatismo esteve por trás de seu antissemitismo e do extermínio dos judeus, uma das ideologias que mergulharam o mundo na Segunda Guerra Mundial.

Um episódio bíblico característico dessa teoria de liderança é a história de Davi e Golias. Os filisteus atribuíram poderes superiores de liderança militar ao gigante Golias por sua força física e estatura privilegiada. Sua presença carismática no exército filisteu deixou todos os soldados emocionados com a perspectiva de vitória antecipada cada vez que Golias desafiava os exércitos de Israel.

Mas a Bíblia deixa claro que a chave para a liderança não é carisma, grandeza física ou realizações pessoais, mas um compromisso com uma missão superior. O jovem Davi tinha baixa estatura e não tinha o carisma militar de Golias. Mas no confronto desigual entre os dois adversários, Davi declarou ao gigante qual era o verdadeiro segredo da liderança superior:

> Davi, porém, lhe respondeu: Tu vens a mim com espada, com lança e com escudo; mas eu venho a ti em nome do Senhor dos exércitos, o Deus dos exércitos de Israel, a quem tens afrontado. Hoje mesmo o Senhor te entregará na minha mão; ferir-te-ei, e tirar-te-ei a cabeça; os cadáveres do arraial dos filisteus darei hoje mesmo às aves do céu e às feras da terra; para que toda a terra saiba que há Deus em Israel; e para que toda esta assembléia saiba que o Senhor salva, não com espada, nem com lança; pois do Senhor é a batalha, e ele vos entregará em nossas mãos. (I Samuel 17:45-47).

Com esse compromisso com a missão divina, Davi derrotou o

gigante carismático e liderou uma das maiores vitórias militares de Israel contra os filisteus.

Outro exemplo clássico na Bíblia é a história de Sansão. Deus equipou Sansão com imensa força física e uma personalidade atraente para liderar a missão de libertar o povo de Israel da dominação dos filisteus. Infelizmente, Sansão confundiu o propósito divino com suas habilidades pessoais, e sentiu que o segredo de sua liderança estava na força física e na personalidade carismática. E enquanto tentava usar sua força e carisma para ganho pessoal e para fazer o papel de herói, Sansão sofreu derrota e humilhação. Somente no final de sua vida e depois de muito sofrimento, Sansão entendeu que o segredo da liderança está na lealdade e no relacionamento com Deus. Só então Sansão foi capaz de cumprir a missão de conduzir Israel à vitória.

A Bíblia e os Estilos da Liderança Comportamental

Após as teorias do traço e do carisma, os estudos sobre liderança foram influenciados pela crescente ênfase na psicologia do comportamento, seguindo a escola de pensamento conhecida como behaviorismo. As teorias behavioristas incluem uma variedade de abordagens, e alguns pesquisadores preferem criar uma distinção entre comportamentos, atitudes, estilos e habilidades de liderança, desenvolvendo modelos teóricos separados para cada um desses conceitos. Para o nosso propósito nesse tema, vamos considerar diferentes abordagens dentro do contexto geral das teorias comportamentais, que podem ser simplificadas em duas dimensões básicas: orientada para tarefas e orientada para relacionamentos. De acordo com Bass, "a classificação relacionada à tarefa versus relacionada ao relacionamento permanece útil como uma estrutura para entender atitudes, comportamentos e práticas de liderança." [24]

Essas duas dimensões foram descritas com uma variedade de termos. Um grupo de pesquisadores da Ohio State University fez um estudo em 1950 que se tornou referência na literatura sobre teorias de liderança. O estudo forneceu um questionário com 150 perguntas com foco no comportamento ou atitude de um líder para centenas de líderes educacionais, militares e corporativos. A conclusão do estudo pode ser resumida em dois fatores comportamentais principais do líder. O primeiro comportamento foi denominado consideração e inclui coisas como bons relacionamentos, preocupação com os sentimentos dos seguidores e comunicação aberta e participativa. O segundo fator do comportamento foi identificado como estrutura inicial, enfatizando a gestão de metas e objetivos, com foco nas tarefas a serem executadas. Em outras palavras, "os comportamentos iniciais de estrutura são essencialmente comportamentos de tarefa, incluindo atos como organizar o trabalho, dar estrutura ao contexto de trabalho, definir responsabilidades de papéis e programar atividades de trabalho. Os comportamentos de consideração são essencialmente comportamentos de relacionamento e incluem a construção de camaradagem, respeito, confiança e simpatia entre líderes e seguidores." [25]

Estudos posteriores descreveram essas duas dimensões com nomes diferentes, mas essencialmente propuseram o mesmo conceito. Hersey e Blanchard explicam as várias nuances dos conceitos como diferentes maneiras de expressar ideias semelhantes. Segundo eles, "essas duas dimensões têm sido rotuladas como autocráticas ou democráticas; autoritário ou igualitário; orientado para os trabalhadores ou orientado para a produção; cumprimento de metas ou manutenção do grupo; capacidade de tarefa ou relacionamento; mais ativo ou mais expressivo; eficiência ou efetividade. A diferença entre esses conceitos ou entre tarefa e as relações parece ser mais semântica do que real." [26]

Essa mudança de foco dos traços de personalidade para o comportamento do líder deu origem, entre outras coisas, a três estilos básicos de liderança: primeiro, o estilo autocrático, caracterizado pelo controle sobre o grupo, as atividades e as decisões tomadas pelo líder; segundo, o estilo democrático, que enfatiza a participação grupal e a tomada de decisão majoritária; e terceiro, o estilo laissez-faire, que envolve um baixo nível de atividade realizada pelo líder.

Liderança autocrática. O estilo autocrático é orientado a tarefas e caracterizado pelo controle do líder sobre o processo, com pouca participação do grupo nas decisões. Geralmente, o líder define claramente as expectativas e prazos para que as tarefas sejam realizadas, e o líder é visto como responsável pelo desempenho e acompanhamento da equipe. É um estilo considerado eficaz no controle dos resultados imediatos, mas geralmente criticado por suas implicações negativas no contexto social. Em suma, "os autocratas enfatizam a obediência, a lealdade e a estrita adesão aos papéis. Eles criam e impõem as regras... O lado sombrio do comportamento autocrático é a abusividade, criando medo e desconfiança, usando

28

punições arbitrárias e incondicionais, ignorando informações e opiniões dos subordinados para tomar decisões, e confiando exclusivamente no próprio julgamento." [27]

Na verdade, o estilo autocrático tende a ser orientado para o poder, controle, coerção e punição, e geralmente é descrito em termos de uma mente fechada. Um exemplo pode ser visto no estilo de liderança de Henry Ford, responsável pela Ford Motor Company. De acordo com membros de sua equipe, "Ford era preconceituoso e hipócrita. Ele demitia pessoas sem motivo ou por motivos triviais, como não usar as roupas certas." [28]

Outro exemplo típico de líder autocrático foi o presidente Lyndon Johnson, cujo tratamento de seus subordinados foi considerado extremamente autoritário e abusivo. Dependendo da situação, Lyndon Johnson "abusava e esgotava sua equipe. Pagava os salários mais baixos e exigia horas mais longas de trabalho. Beneficiava os favoritos e humilhava publicamente seus assessores leais... Ele era aterrorizante (embora pudesse ser terno às vezes), implacável, impaciente, mesquinho, intimidador, desonesto, brutal, suspeito e astuto." [29]

Características do estilo autocrático. Do ponto de vista prático, algumas características resumem as vantagens e desvantagens da liderança autocrática. As principais características deste estilo são:

- Centralização do líder – Todas as decisões precisam ser aprovadas pelo líder
- A equipe aguarda as decisões do líder e depende dele para
- Líder comandante - Ele dá ordens e exige os resultados
- O líder torna-se responsável pelo sucesso ou fracasso da liderança
- Alto foco em uma tarefa

Vantagens e pontos fortes do estilo autocrático. Esse estilo é apropriado em situações de emergência ou em condições perigosas, onde a estrita obediência às regras é fundamental para a segurança do grupo. Este é o estilo típico da liderança militar e de segurança pública, onde a ordem e a segurança são a prioridade suprema. Os pontos positivos são:

- Útil em situações de emergência – No momento de um incêndio não é possível fazer uma reunião para decidir o que fazer. .

• Necessário quando os princípios estão envolvidos. Neste caso, não é possível fazer uma votação sobre se os princípios devem ser seguidos ou não. Os princípios devem ser respeitados, quer a maioria concorde ou não.

• Soluções rápidas ou urgentes – Aproveitar uma oportunidade única para não perder um bom negócio.

Desvantagens e limitações do estilo autocrático. Geralmente, o estilo autocrático-autoritário é descrito em termos negativos, devido à tendência ao controle excessivo e ao desrespeito à opinião e preferências dos subordinados. Em casos extremos, esse estilo pode se tornar despótico e opressor. Algumas desvantagens são:

• Subestima os subordinados

• Produz passividade

• Inibe o desenvolvimento de novos líderes

• Os seguidores se acostumam a serem eternamente dependentes

• Revolta os mais competentes

• Risco de inflexibilidade

• Risco de defesa de interesses pessoais

Na Bíblia, a liderança autocrática é representada no governo dos reis de Israel, Judá e outras nações descritas na história bíblica. Os reis tinham poder absoluto sobre a vida e a morte de seus súditos. O rei Assuero, por exemplo, decretou autocraticamente o extermínio dos judeus em todo o império persa e, em seguida, decretou o direito dos judeus de se defenderem de seus inimigos, após a intercessão da rainha Ester. Em ambos os decretos, agiu de forma autocrática. Nabucodonosor autocraticamente decretou o lançamento dos três companheiros de Daniel na fornalha de fogo, e Dario decretou a o lançamento de Daniel na cova dos leões.

Apesar desses exemplos negativos e extremos de liderança autocrático-autoritária, há exceções, e o estilo autocrático também pode ser praticado com respeito às considerações e à dignidade das pessoas, apesar de seu método arbitrário. Apesar da tendência a ser inflexível na tomada de decisões, esse estilo pode ser exercido sem necessariamente oprimir as pessoas envolvidas. A Bíblia menciona alguns exemplos positivos de liderança autocrática. Ciro, rei da Pérsia, decretou o retorno dos cativos de Israel para reconstruir o templo em Jerusalém, e Artaxerxes, também rei da Pérsia, decretou o retorno de Neemias para reconstruir os muros de Jerusalém.

Liderança democrática. Em contraste com o estilo autocrático, o estilo democrático é participativo e flexível e incentiva todos os membros da equipe a compartilhar suas ideias em busca de uma decisão de consenso. O papel do líder é facilitar a participação de todos, mantendo a autoridade final na condução do processo. Esse estilo pressupõe o valor dos subordinados e sua capacidade de cooperar na tomada de decisões e na busca dos melhores resultados. Uma característica marcante dos líderes democráticos é a crença na automotivação de sua equipe e a disposição de dar-lhes autonomia. "Esses líderes distribuem a tomada de decisões nas hierarquias das organizações entre todos os níveis, incentivam questionamentos e ideias dos trabalhadores mais simples sobre melhores maneiras de fazer as coisas, estão abertos a críticas, tratam os erros dos subordinados como oportunidades de aprendizado, celebram as realizações dos subordinados." [30]

O estilo democrático tende a promover a motivação do grupo e produzir maior satisfação no trabalho. Apesar de suas vantagens e potencial de inovação, no entanto, uma crítica a esse estilo é a lentidão na tomada de decisão e a excessiva dependência do grupo no processo decisório. Para alguns críticos, a liderança participativa enfrenta o desafio de exigir "extensas e demoradas reuniões da equipe e trabalho de comissão. Além disso, os líderes consensuais e democráticos às vezes são acusados de fornecer pouca direção ou de serem macro gestores." [31] Há também a preocupação e a potencial desvantagem de os participantes serem "consultados sobre coisas triviais que a administração poderia facilmente lidar de forma independente. Outro problema é que muitos gestores ainda acreditam que compartilhar a tomada de decisão com os membros reduz seu poder." [32]

Um exemplo simbólico de liderança democrática na história é a figura do Rei Arthur, um personagem lendário da Inglaterra medieval. Suas aventuras com seus Cavaleiros da Távola Redonda foram contadas por mais de mil anos, e ele se tornou um dos personagens mais populares da literatura mundial e um símbolo medieval de um cavaleiro por excelência. Provavelmente havia um Arthur de verdade, mas os historiadores sabem muito pouco sobre ele. Conta-se que ele governou a Grã-Bretanha na primeira metade do século VI e que conseguiu unir, após o fim da dominação romana, os diversos reinos que formavam a Grã-Bretanha. Fora isso, a realidade se mistura com a ficção. O rei Artur teria começado seus primeiros anos no poder pacificando o país e criando um Estado estável e benevolente. Mais tarde, foi respeitado por seus súditos e temido por seus inimigos. Segundo a lenda, ele tomou todas as suas decisões políticas em uma grande mesa redonda que reunia até 150 cavaleiros, que constituíam o centro de seu governo. Sem cabeceira nem lados, a mesa redonda representava a igualdade de todos: rei, nobres e cavaleiros. O rei Artur ficou conhecido como um monarca que simbolizava a força sem arrogância, dissolvendo a grandeza na humildade, um soberano que amava os seus súditos, rejeitando o despotismo e a tirania. Foi essa imagem de força, lealdade e benevolência que fez do Rei Arthur um símbolo de liderança participativa.

Da história recente, um exemplo que ilustra a liderança democrática é Franklin Delano Roosevelt, conhecido por seu estilo participativo de dialogar com sua equipe e negociar as decisões do governo. Roosevelt é descrito por seus biógrafos como um executivo que "tinha uma compreensão perspicaz – alguns dizem intuitiva – das necessidades e motivações dos membros do gabinete e chefes de agências com quem lidava. Uma de suas muitas técnicas – difícil para um homem que adorava falar e dominar a cena – era simplesmente ouvir com simpatia aqueles que derramavam seus lamentos e frustrações." [33]

Características Gerais do Estilo Democrático. Ao contrário do autocrático, o estilo democrático ou participativo é flexível e incentiva todos os membros da equipe a compartilhar suas ideias em busca de uma decisão consensual. O papel do líder é facilitar a participação de todos, buscando sempre a excelência na condução do processo. As principais características são:

- Líder catalisador – atua de forma consultiva e democrática

- Reserva-se o direito de decidir, mas negocia com a equipe

- Solicita sugestões de grupos

- Orienta a discussão destacando os prós e contras

- Aceita a influência, experiência e conhecimento do grupo
- Decide com base nas recomendações da equipe
- Delega o maior número possível de tarefas para pessoas qualificadas na equipe
- Postura flexível
- Foco nas pessoas e na tarefa ao mesmo tempo

Vantagens e Pontos Fortes do Estilo Democrático. Esse estilo pressupõe o valor de quem é liderado e sua capacidade de cooperar na tomada de decisões e na busca de melhores resultados. Em outras palavras, o estilo democrático tende a promover a motivação do grupo e produzir maior satisfação na equipe e no trabalho. As principais vantagens são:

- Utiliza o potencial das pessoas lideradas – Elas estão vivendo o dia a dia da organização e, por isso, conhecem os problemas mais comuns
- Demonstra confiança nos membros da equipe
- Estimula a discussão em busca de soluções
- Respeita e incentiva as diferenças de opiniões e ideias
- Promove o surgimento de novos líderes e os utiliza como conselheiros
- Produz melhores resultados e alternativas devido à variedade de ideias
- Toda a responsabilidade é compartilhada
- O líder cresce junto com o grupo

Limitações e desvantagens do estilo democrático

- Menos funcional em situações de emergência
- Requer mais tempo para negociar com a equipe
- Exige acompanhamento constante do líder para manter o foco

Na Bíblia, o exemplo clássico desse estilo de liderança foi a experiência de Moisés e seu sogro Jetro. Moisés começou liderando o povo em um estilo autocrático, no qual ele sozinho julgava disputas entre o povo e tomava todas as decisões legais, legislativas e executivas sobre assuntos públicos e comunitários. Foi então que surgiu o gênio de Jetro, seu sogro, considerado o pai da Administração, ao propor a Moisés o estilo de liderança democrática e participativa distribuída entre lideranças de grupos e comunidades em diferentes níveis da sociedade. Veja o surgimento oficial da liderança participativa:

> Além disto procurarás dentre todo o povo homens de capacidade, tementes a Deus, homens verazes, que aborreçam a avareza, e os porás sobre eles por chefes de mil, chefes de cem, chefes de cinquenta e chefes de dez; e julguem eles o povo em todo o tempo. Que a ti tragam toda causa grave, mas toda causa pequena eles mesmos a julguem; assim a ti mesmo te aliviarás da carga, e eles a levarão contigo. (Êxodo 18:21).

O estilo de liderança democrática é considerado por alguns autores como um ponto intermediário entre o estilo controlador de liderança autocrática e o estilo mais passivo laissez-faire, que discutiremos a seguir.

Liderança laissez-faire ou neutra. O estilo laissez-faire envolve um nível mínimo de interferência do líder no processo de liderança, deixando a iniciativa, a tomada de decisões e a responsabilidade para os seguidores. Esse estilo tende a funcionar bem em algumas equipes altamente experientes e qualificadas que direcionam o processo como um grupo funcional, onde o líder vê pouca necessidade de fornecer feedback ou interferir no processo. Esse tipo de líder evita influenciar subordinados e tende a se envolver minimamente como supervisor. Eles se preocupam mais com aspectos burocráticos do processo e deixam a responsabilidade pela tomada de decisão e estabelecimento de metas para os seguidores. Eles evitam participar de qualquer disputa e não assumem a responsabilidade por decisões difíceis ou controvérsias.

Alguns líderes adotam parcialmente esse estilo, mantendo um certo nível de envolvimento em algumas áreas de sua liderança. Jimmy Carter é considerado um exemplo parcial desse estilo de liderança, especialmente no que diz respeito à estratégia econômica de seu governo.

De acordo com alguns comentários políticos, outro exemplo de alguém que adotou esse estilo foi Ronald Reagan, que "era muito mais inativo como presidente do que Carter ou Johnson. Os subordinados de Reagan geralmente tinham carta branca para proceder como achassem melhor. Os muitos escândalos que vieram à tona durante e depois de seu governo podem ser atribuídos, em parte, ao seu estilo de distanciamento do processo e às más escolhas de seus subordinados." [34] Por outro lado, ele foi muito ativo em outras áreas de seu governo, como relações exteriores, política econômica e gastos militares.

Características gerais do estilo laissez-faire. Na prática, podemos resumir as principais características da Liderança Laissez-faire da seguinte forma:

- Do francês: "Laissez-faire" = deixa ser feito

- Age de forma neutra – Prioriza os subordinados na tomada de todas as decisões

- O líder torna-se um parceiro que confia na capacidade da equipe

- Contribui sem dirigir

- Exerce controle mínimo

- Aceita o veredicto do grupo

- Alto foco em pessoas

Vantagens e pontos fortes do estilo Laissez-faire

- Produz bons resultados quando a equipe é altamente qualificada

- Desenvolve a iniciativa dos liderados

- Valoriza a capacidade individual e torna a equipe mais ativa

- Os subordinados assumem toda a responsabilidade

- Útil em situações de baixo risco

Desvantagens e limitações do estilo Laissez-faire

- O líder não traça objetivos ou estratégias

- O líder não supervisiona os seguidores

- O exercício da liderança não reflete a posição e o comprometimento do líder

- O líder não assume a responsabilidade final pelo exercício da liderança

LIDERANÇA E MENTALIDADE DE MISSÃO

Um exemplo bíblico negativo desse tipo de liderança foi quando Saul derrotou Amaleque e permitiu que o povo aproveitasse a ocasião e guardasse parte do espólio dos inimigos derrotados, contrariando as instruções de Deus através do profeta Samuel. Saul permaneceu neutro e passivo, enquanto os líderes do exército tomaram a decisão de tomar os despojos, ignorando a ordem divina, o que resultou na rejeição de Saul e seus descendentes como uma linhagem real.

Provavelmente um exemplo positivo desse estilo de liderança ocorreu no início da igreja primitiva. Os apóstolos eram os líderes naturais da igreja e da pregação, mas não há registro bíblico de liderança centralizada ou formal nos primórdios da igreja até a escolha dos diáconos, quando uma estrutura oficial começa a surgir. Até então, os crentes viviam juntos em serviços de ministração comunitária em parceria uns com os outros. O apóstolo Pedro parece ter exercido liderança precoce ao presidir a eleição de Matias para o apostolado (Atos 1:15), e ao determinar a sentença de punição pelo pecado de Ananias e Safira (5:3), mas aparentemente Pedro não supervisionou o ministério dos líderes. De fato, a Bíblia se refere à liderança dos apóstolos juntos, incluindo a escolha dos diáconos, que foi presidida pelos doze apóstolos em parceria, na criação de uma estrutura funcional para atender às necessidades da igreja. De acordo com a Bíblia,

E os doze, convocando a multidão dos discípulos, disseram: Não é razoável que nós deixemos a palavra de Deus e sirvamos às mesas. Escolhei, pois, irmãos, dentre vós, sete homens de boa reputação, cheios do Espírito Santo e de sabedoria, aos quais encarreguemos deste serviço. Mas nós perseveraremos na oração e no ministério da palavra. (Atos 6:2-4).

Em outras palavras, os apóstolos aparentemente exerciam a liderança da pregação de forma natural, sem uma hierarquia definida de coordenação ou supervisão do ministério. Ou seja, em um contexto ideal, quando há um nível muito alto de envolvimento e comprometimento de todos, a liderança parece ser produtiva de forma natural, sem coordenação ou supervisão. À medida que a igreja crescia, no entanto, outros estilos de liderança foram necessários para garantir uma ação unida e coordenada em busca dos resultados desejados.

Em suma, qual seria o estilo de liderança mais eficaz? Um estudo clássico conduzido por Kurt Lewin concluiu que o estilo democrático

36

parece ser mais eficaz do que outros estilos em atividades envolvendo grupos de pessoas. Em termos gerais, outros autores são cautelosos ao comparar estilos em termos de sua eficácia e afirmam que o estilo mais apropriado depende da situação e do contexto. Do ponto de vista das dimensões de liderança orientada para a pessoa ou tarefa, alguns autores sugerem que a combinação das duas dimensões tende a ser mais apropriada na maioria das situações. Em outras palavras, em geral, o estilo democrático é considerado mais eficaz, mas em alguns casos específicos, o estilo autocrático pode ser considerado necessário.

Reflexão: Estilo de Liderança

Mencione exemplos de hábitos e atitudes suas que parecem indicar a sua atuação nos seguintes estilos de liderança:

Exemplo do estilo autocrático em sua liderança

Exemplo do estilo democrático/participativo em sua liderança

Exemplo do estilo laissez-faire ou neutro em sua liderança

A Bíblia e a Liderança Situacional e Contingencial

Inúmeros estudos têm sido publicados para explicar o fenômeno da liderança sob a perspectiva de diferentes teorias, e um ponto controverso é o papel que determinada situação desempenha na liderança. Em suma, qual é o fator que determina a liderança: a personalidade do líder ou as circunstâncias? Esse debate levou ao nascimento da teoria da liderança situacional, que é o oposto da teoria dos traços. Em outras palavras, "fatores situacionais determinam quem emergirá como líder. Particularmente nos Estados Unidos, o situacionismo foi favorecido em detrimento da teoria de que os líderes nascem, não são feitos. Segundo o situacionismo, o líder é produto da situação e das circunstâncias. Não feito por si mesmo e nem um produto de personalidade, impulso ou habilidade." [35]

A teoria da liderança situacional concentra-se na eficácia do líder frente a diferentes situações, com ênfase na interação líder-liderado. A teoria pretende explicar como a situação determina o estilo de liderança. Alguns autores separam a liderança situacional da liderança contingencial; no entanto, vários estudos analisam ambos os termos sob a mesma perspectivam. Northouse resume o conceito de contingência como uma questão de ajuste a diferentes circunstâncias. Em outras palavras, a eficácia do "líder depende de quão bem o estilo do líder se encaixa no contexto. Para entender o desempenho dos líderes, é essencial entender as situações em que eles lideram. Uma liderança eficaz depende da adequação do estilo de um líder ao cenário certo." [36]

Como mencionado anteriormente, um estudo realizado por Fred Fiedler concentrou-se em dois tipos básicos de liderança – liderança orientada para as pessoas e liderança orientada para tarefas – e concluiu que a eficácia dos líderes que eram orientados para tarefas ou pessoas dependia das exigências impostas a eles pelas situações e circunstâncias. Fiedler classifica as situações de acordo com o nível de controle exercido, ou seja, situações de alto controle, baixo controle e controle moderado. Segundo ele, quanto mais controle o líder exerce, mais favorável a situação se torna para o líder. Fiedler desenvolveu uma escala de controle situacional baseada em três dimensões de uma situação: (1) a relação entre o líder e os seguidores (lealdade, amizade e cooperação), (2) a posição de poder (autoridade na administração de recompensas e punições) e (3) a estruturação da tarefa (grau de clareza da tarefa). Os resultados do estudo indicam que nenhum estilo é eficaz para todas as situações.[37]

Quaisquer que sejam os argumentos das diferentes teorias, as evidências indicam que o fenômeno da liderança não depende de um único fator, mas de um conjunto de múltiplos fatores que envolvem o líder e a situação, bem como a interação com os subordinados e a própria organização. Não se trata de nem um nem outro, mas de ter ambos numa relação dinâmica. É por isso que "os teóricos da situação pessoal argumentam que as teorias da liderança não podem ser construídas no vácuo: elas devem conter elementos da pessoa, bem como elementos da situação. Qualquer teoria de liderança deve levar em conta a interação entre a situação e o indivíduo." [38]

Na Bíblia, liderança e missão não dependem da situação. A rainha Ester enfrentava um dilema de vida ou morte. O rei Assuero havia emitido um decreto condenando todos os judeus do império à morte. O dia do massacre já estava definido. Foi uma situação de derrota total.

Entre todos os judeus, a rainha Ester era a única pessoa que tinha acesso ao rei, mas no momento em que declarasse que fazia parte do povo judeu, também seria automaticamente condenada à morte pelo mesmo decreto. Além disso, a punição por entrar na câmara real sem um convite era a pena de morte, e ela não tinha convite para comparecer. A situação ditou que não havia nada que ela pudesse fazer para interferir no decreto real. No entanto, preocupada com a sobrevivência de seu povo e a pedido de seu primo Mordekai, Ester decidiu que não se deixaria controlar pela situação, mas que colocaria a missão acima da situação. E foi com essa determinação de colocar a missão acima da situação que Ester proferiu as palavras imortais: "Irei ao rei, ainda que seja contra a lei. Se eu tiver que morrer, morrerei." (Ester 4:16).

A história da rainha Ester mostra a prioridade da missão sobre a situação. Líderes chamados por Deus levam a situação em consideração, mas não se deixam controlar por ela e sempre colocam a missão acima de qualquer situação.

Teorias Centralizadas em Processos

Chemers (1995) classifica todas as teorias acima – traço, comportamental, situacional e assim por diante – como abordagens orientadas para o líder, dado seu foco nos atributos do líder. Chemers explica que as teorias orientadas para o líder "tendem a concentrar a maior parte de sua atenção nas ações e atitudes do líder. Embora os seguidores apareçam em características relacionadas às relações líder-subordinado, o líder é claramente a figura central e o ator principal." [39] Outro grupo de teorias de liderança tenta explicar a liderança como um processo que envolve interação e procedimentos como os fatores determinantes por trás do fenômeno da liderança, em vez de focar em atributos pessoais. Essas teorias são descritas a seguir.

A Bíblia e a Liderança Transacional

Em contraste com as teorias acima, cujo foco principal é o papel e a situação do líder, as teorias transacionais estudam a troca de influência na relação entre líderes e seguidores, valorizando o papel do seguidor no fortalecimento do líder e sua conexão com a equipe. Com o foco no processo, "as teorias de liderança transacional ou de troca abordando a relação entre líder e seguidores tiveram impacto considerável." [40]

Nesse contexto, a teoria transacional muda o foco da pessoa do líder para o processo de liderança. Hollander, um dos acadêmicos que estudou essa teoria, concluiu que a legitimação da liderança é um processo de troca social. Segundo ele, os membros de um grupo trocam suas habilidades e lealdade por recompensas que vão desde aspectos físicos, como salário ou proteção, até recompensas menos tangíveis, como honra, status e influência. Em outras palavras, a liderança é um processo de troca, e os líderes desenvolvem um intercâmbio específico e único com cada membro de sua equipe, que pode variar entre liberdade e autonomia para alguns e controle e restrição para outros. A conclusão é que quanto mais positiva a troca, melhor o desempenho do líder dentro da organização. [41]

À medida que as pesquisas sobre liderança se expandiam, o conceito de liderança transacional desenvolveu um novo foco e destacou o papel do liderado no processo de liderança como um agente ativo interagindo com o líder. Nesse contexto, a liderança torna-se um processo de interação entre líderes e seguidores. Evoluindo da pesquisa sobre os traços e situações para focar em um relacionamento mais interativo, a liderança passou a ser entendida como um processo de troca, no qual "os líderes prometem recompensas e benefícios aos subordinados em troca do cumprimento de acordos com o líder pelos subordinados." [42]

Podemos entender melhor esse processo com alguns exemplos práticos. Em princípio, o sistema de governo democrático é um exemplo típico de liderança transacional, onde funcionários eleitos negociam os interesses do eleitorado, fornecendo benefícios públicos em troca de apoio e votos. Burns descreve a democracia e o sistema legislativo representativo como uma forma clássica de liderança transacional. Segundo ele,

> com um grau assegurado de influência formal sobre o legislativo e uma base de poder no eleitorado, os membros interagem em um plano de igualdade forçada. Normalmente, a câmara se torna uma arena comercial na qual os interesses e objetivos individuais dos membros são harmonizados por meio de técnicas milenares de barganha, reciprocidade e recompensa. [43]

Em contraste com o sistema democrático, regimes totalitários e ditaduras minimizam o processo de troca, centralizando a gestão do processo no líder. Por mais que governos ditatoriais forneçam ordem e segurança à sociedade, o sistema se baseia mais na imposição do que na troca. O nazismo totalitário, por exemplo, "nunca foi descrito de forma tão contundente ou simples do que por Rudolf Hess quando proclamou no comício do partido nazista em Nuremberg, em 1934: 'Adolf Hitler é o Partido. O partido é Adolf Hitler'. Nada transacional ali." [44]

Simplificando, a liderança transacional consiste em um processo em que líderes e seguidores negociam benefícios e interesses mútuos, e os seguidores se sentem recompensados pelo apoio que oferecem ao líder. Mas, embora possa ser evidente que essa troca de interesses é inerente ao processo de liderança, o conceito de liderança inclui muito mais do que apenas o fator transacional. De fato, Freud "sugeriu que havia mais no conceito de liderança do que uma mera troca: o líder encarna ideais com os quais o seguidor se identifica." [45]

Um exemplo de liderança transacional na Bíblia pode ser visto na experiência de José como governador do Egito. Seguindo a orientação divina, José armazenou alimentos durante os sete anos de abundância para abastecer o país e as nações vizinhas durante os sete anos de fome que se seguiram. Quando a fome chegou, o povo comprou comida do governo, até que o dinheiro do povo acabou e eles não tinham como sobreviver. Depois de esgotar todos os bens e recursos, o povo ofereceu seu serviço e lealdade ao governo do faraó em troca de grãos para plantar e comida para a família. Foi um processo social de submissão à liderança do faraó em troca de benefícios governamentais na forma de alimentos e proteção. Em outras palavras, o povo trocou sua lealdade pela segurança oferecida pela liderança do governo. E o povo reagiu com gratidão e dedicação:

> Então disse José ao povo: Hoje vos tenho comprado a vós e a vossa terra para Faraó; eis aí tendes semente para vós, para que semeeis a terra. Há de ser, porém, que no tempo das colheitas dareis a quinta parte a Faraó, e quatro partes serão vossas, para semente do campo, e para o vosso mantimento e dos que estão nas vossas casas, e para o mantimento de vossos filhinhos. Responderam eles: Tu nos tens conservado a vida! achemos graça aos olhos de meu senhor, e seremos servos de Faraó. (Gênesis 47:23-25).

Na verdade, toda liderança inclui um componente transacional na forma de uma troca de benefícios. No caso específico da liderança transacional, o foco está principalmente na troca de benefícios, ao contrário de outras teorias, cujo foco pode estar na figura do líder ou do liderado.

Teorias e Modelos Centralizados nas Pessoas

Apesar do intenso debate que vem acontecendo entre os defensores de diferentes teorias de liderança, Chemers classifica grande parte da polêmica como uma "tempestade em um copo d'água." Segundo ele, diferentes teorias dizem a mesma coisa de maneiras diferentes e, em certo sentido, têm mais pontos em comum do que pontos que as diferenciam. O ponto de diferença mais frequente nessas teorias é a dicotomia entre orientação para pessoas ou tarefas e as diferenças entre estilos autocráticos e democráticos.[46]

Em outras palavras, muitas teorias têm sido desenvolvidas para explicar a percepção dos teóricos, focando em diferentes aspectos do conceito de liderança, como traços, comportamentos ou a situação. Estudos recentes, no entanto, tendem a explorar uma concepção muito mais ampla do fenômeno da liderança, e a pesquisa agora tende a se concentrar no intercâmbio de sistemas sociais. Como explica Chemers, uma "abordagem de sistemas sociais reconhecerá que o processo de liderança é uma rede complexa e multifacetada de forças."[47]

Essa nova perspectiva sobre liderança é exatamente o que a ideia de liderança e missão explora, com o foco supremo em líderes e liderados como seres humanos, em vez de estarem apenas preocupados com processos e estilos de liderança em si. Essa tendência de valorização do fator humano tem aumentado nas últimas décadas, em parte graças à maior clareza das pessoas que se aproveitam da explosão no acesso aos meios de comunicação que caracteriza o terceiro milênio, tornando as pessoas mais ponderadas e menos suscetíveis ao uso mecânico. Esses e outros fatores abalaram os conceitos tradicionais de liderança, enfatizando o valor do fator humano na liderança. Bass se refere a um estudo que trata de seis temas de liderança considerados os mais apropriados para o século XX:

(1) Liderança não é mais domínio exclusivo do chefe de topo. (2) Liderança facilita a excelência em servir as pessoas. (3) Liderança não é o mesmo que gestão. (4) Liderança tem uma dimensão sensível e humana. (5) Os líderes precisam adotar uma abordagem holística, aplicando uma variedade de qualidades, habilidades e

capacidades. (6) Liderança é o domínio de antecipar, iniciar e implementar mudanças. [48]

Esse foco no altruísmo traz uma nova perspectiva para o debate sobre liderança. A conclusão de Chewers é que o elemento que falta nas teorias de liderança é o fator humano, com seu capital emocional, intelectual e cultural, que determina os valores e atitudes de líderes e liderados. É por isso que, na opinião de Chemers,

> a grande lacuna na maioria das teorias de liderança atuais é a falta de atenção aos líderes e liderados como pessoas. Nós nos concentramos no comportamento ou estilo de decisão com muita pouca compreensão dos valores, necessidades e motivos que dão origem aos comportamentos observados. [49]

É exatamente isso que o conceito de liderança orientada para a missão propõe, com a preocupação suprema em servir o seguidor como um ser humano em vez de uma mera preocupação no processo de liderança em si. É um foco em realizar um sonho superior com uma visão superior. As seguintes teorias e modelos podem ser classificados, em maior ou menor grau, como pertencentes à mentalidade de liderança e missão.

A Bíblia e a Liderança Transformacional

Ao contrário da teoria transacional, a ideia de liderança transformacional envolve muito mais do que apenas a troca ou intercâmbio de experiências e influências entre líderes e liderados. Em vez disso, a liderança transformacional acontece quando líderes e liderados interagem de tal forma que tanto os líderes quanto os liderados são elevados a um nível mais alto de motivação e desenvolvimento como resultado da interação. Nesse caso, o poder da liderança é exercido como um fundamento mútuo para um propósito comum. De acordo com Burns, a liderança transformacional "torna-se moral na medida em que eleva o nível de conduta humana e aspiração ética tanto do líder quanto do liderado, e, portanto, tem um efeito transformador em ambos." [50]

Para Burns, o aspecto moral da liderança tem a ver com a satisfação das reais necessidades dos líderes e liderados, que no final são os únicos que podem definir suas próprias necessidades físicas, psicológicas, econômicas, espirituais e estéticas.

O líder transformador busca motivos potenciais nos liderados, busca satisfazer necessidades mais elevadas e engaja a pessoa plena do seguidor. O resultado da transformação da liderança é uma relação de estímulo mútuo e elevação que converte liderados em líderes e pode converter líderes em agentes morais. [51]

Burns desenvolve o conceito de liderança transformacional como um compromisso com a dignidade e o crescimento dos liderados. Em termos práticos, alguns exemplos da história ajudam a ilustrar a liderança transformacional. De fato, mais do que um conceito teórico, liderança é uma vida em ação impactando as pessoas e o contexto em que é exercida. Como exemplo, a influência da liderança transformacional é geralmente visível na vida dos líderes espirituais.

Muitos líderes de religiões mundiais, como Jesus, Maomé e Buda, estavam se transformando. Eles criaram visões, moldaram valores e empoderaram a mudança. Essa liderança transformacional sempre cria efeitos duradouros, quebrando paradigmas e influenciando positivamente a vida das pessoas. [52]

No contexto secular e político, alguns exemplos de líderes considerados transformadores incluem:

- Gorbachev – "Para a sociedade soviética de 70 anos, fechada, altamente estruturada e autoritária, Mikhail Gorbachev introduziu a perestroika e a glasnost – reestruturação e abertura – em um esforço para reformar o sistema." [53]

- Mandela – "Depois de passar 27 anos preso pelo governo branco sul-africano, Nelson Mandela foi diretivo e transformador quando declarou: 'Esqueça o passado' e mostrou seu forte apoio à reconciliação." [54]

- Gandhi - Gandhi "despertou e elevou as esperanças e demandas de milhões de indianos e cuja vida e personalidade foram aprimoradas no processo". [55]

A maioria dos líderes que tiveram um impacto positivo na história da humanidade pode ser colocada nessa categoria de liderança transformacional. [56]

A Liderança Transformacional de Jesus. Na Bíblia, o exemplo máximo de liderança transformacional é encontrado na vida de Jesus Cristo. Quase todas as listas das figuras mais influentes da história da humanidade colocam Jesus Cristo no topo pelo impacto que teve na opinião pública e no pensamento mundial. Com exceção das listas que usam critérios relacionados a categorias específicas, como governantes, artistas ou figuras contemporâneas, a opinião é unânime em relação à escala global da influência de Jesus Cristo.

Recentemente, a revista *Time* publicou em seu site uma lista com as cem figuras mais significativas da história. Ao contrário das avaliações dos historiadores, que se baseiam apenas em conquistas e realizações pessoais, a revista *Time* usou um complexo banco de dados na Internet que aborda múltiplos critérios e agrega uma ampla variedade de características analisadas com programas de computador.

A lista inclui governantes, filósofos, líderes religiosos, cientistas, inventores, músicos, escritores e artistas. Segundo essa lista, aqui estão as dez pessoas consideradas mais influentes da história:

1. Jesus

2. Napoleão

3. Maomé

4. William Shakespeare

5. Abraham Lincoln

6. George Washington

7. Adolf Hitler

8. Aristóteles

9. Alexandre, o Grande

10. Thomas Jefferson

Independentemente das opiniões pessoais, a maioria das listas coloca Jesus entre os maiores líderes, e frequentemente como o maior líder de todos os tempos.[57]

Pregador, professor, filósofo, sábio e fundador do cristianismo, a maior religião de todos os tempos, com mais de 2,2 bilhões de seguidores, Jesus Cristo quebrou todos os paradigmas da sociedade de seu tempo e virou todo o sistema religioso de cabeça para baixo ao priorizar o amor como essência suprema e motivação da vida religiosa. Ele desafiou completamente o pensamento tradicional de que a religião era baseada em rituais e obediência cega a regras e doutrinas. Jesus também redefiniu o conceito de missão, estabelecendo o serviço aos seres humanos como o foco supremo de sua missão espiritual, ultrapassando um mero foco no proselitismo ou no catecismo. Por causa de seu impacto no pensamento filosófico, religioso, cultural e intelectual da humanidade, Jesus é considerado o maior líder de todos os tempos, a ponto de a história humana ser comumente dividida em duas eras, antes e depois dele.

Outros modelos teóricos desenvolvem os mesmos valores com aplicações práticas para contextos mais específicos, como veremos a seguir.

Modelo de Liderança Servidora

Assim como a liderança transformacional, o modelo de liderança servidora se apoia no valor intrínseco da dignidade humana e se opõe à visão tradicional e aos conceitos populares sobre liderança, propondo um modelo que valoriza o seguidor como pessoa e vislumbra o desenvolvimento holístico do ser humano. A liderança servidora é semelhante à liderança transformacional, pois compartilham valores comuns como visão, confiança e credibilidade. Os conceitos teóricos são semelhantes, exceto que o foco da liderança servidora está nas prioridades dos liderados. Em princípio, as diferenças parecem emergir mais na aplicação prática de ambas as teorias. Apesar das semelhanças dos dois modelos, Bass descreve essa diferença em termos de foco e aplicação para públicos diferentes:

> Enquanto os líderes transformacionais compartilham e alinham os interesses de seus liderados, os líderes servidores colocam os interesses de seus liderados antes dos seus. Ambos enfatizam o desenvolvimento pessoal e o empoderamento dos liderados. Ambos facilitam aas realizações dos liderados. A liderança transformacional pode ser mais relevante em um ambiente dinâmico em constante mudança; A liderança servidora pode ser mais aplicável em um ambiente estável.[58]

Essa linha de pensamento resume a liderança servidora, um modelo de liderança proposto inicialmente por Robert Greenleaf em 1977 em seu primeiro livro, *Liderança Servidora*. Esse modelo tem sido estudado, aplicado e apoiado por diferentes autores da literatura contemporânea sobre liderança. Conceito recente a ser explorado em pesquisas, a liderança servidora vem se tornando pouco a pouco mais proeminente na literatura. Foi formulado por Robert Greenleaf com base em suas experiências como executivo, e propõe que as primeiras prioridades do líder são atender às necessidades dos liderados e construir relacionamentos que capacitem e desenvolvam os outros. Greenleaf descreve sua principal descoberta como a conclusão de que a liderança precisa ser distinguida da "ideia obsoleta do chefe único no topo de uma estrutura piramidal, e que doravante a autoridade final deve ser colocada em uma equipe equilibrada de iguais sob a liderança de um verdadeiro servo que serve como *primus inter pares*, ou seja, primeiro entre iguais." [59]

Segundo esse modelo, o desejo de servir é diferente do dever de servir. Conceitualmente, todos aceitam que servir à humanidade é algo nobre e desejável. Mas, para a liderança servidora, a questão não é se a disposição para servir faz parte da agenda do líder. Em vez disso, o serviço é a primeira e absoluta prioridade para a atitude interna de um líder. Segundo Greenleaf, há uma diferença grosseira entre uma pessoa cuja prioridade é liderar e uma pessoa cuja prioridade é servir. O serviço como prioridade faz com que o líder busque em primeiro lugar e acima de tudo o bem-estar total do grupo, enquanto a liderança como prioridade se concentra acima de tudo no bem-estar das atividades de liderança do próprio líder.

Aplicar os princípios de liderança servidora propostos por Greenleaf na prática pode ser uma tarefa difícil, mas fará toda a diferença na relação entre o líder e seus liderados. A lista abaixo apresenta cinco atitudes básicas da liderança servidora que estarão presentes nos líderes comprometidos com esse novo formato de liderança, conforme descrito por McGee-Cooper e Trammell.[60]

1. Ouça sem julgamento. Quando um membro da equipe chega até você com uma preocupação, ouça primeiro para entender. Ouça os sentimentos e os fatos. Antes de dar conselhos ou soluções, repita o que uviu e exponha sua compreensão dos sentimentos da pessoa. Em seguida, pergunte como você pode ajudar. As pessoas esperam que você ajude a pensar em soluções.

2. Seja autêntico. Admita erros abertamente. Ao final das reuniões, discuta o que deu certo durante a semana e o que precisa mudar. Seja aberto e preste contas aos outros pelo seu papel nas coisas que não foram bem-sucedidas.

3. Construa Comunidade. Demonstre apreço a quem trabalha com você. Uma nota de agradecimento escrita à mão por um trabalho bem feito significa muito. Além disso, encontre maneiras de agradecer aos membros da equipe pelo trabalho diário e rotineiro que muitas vezes é dado como certo.

4. Compartilhe poder. Pergunte a quem você supervisiona ou a sua equipe o seguinte: "Que ações ou decisões que estou tomando poderiam ser melhoradas se eu tivesse mais informações ou informações da equipe?" Planeje incorporar esse feedback em seu processo de tomada de decisão.

5. Desenvolver Pessoas. Reserve um tempo a cada semana para desenvolver outras pessoas para crescer em níveis mais altos de liderança. Dê-lhes oportunidades de participar de reuniões para as quais normalmente não seriam convidadas. Encontre projetos que você possa co-liderar e treinar outros enquanto trabalham juntos.

Larry Spears expande essa visão prática da liderança servidora acrescentando alguns pontos específicos para reforçar o caráter altruísta da liderança servidora e sua prioridade de servir aos liderados. Nesse contexto, ele identifica uma lista de características consideradas indispensáveis para o desenvolvimento de um líder servidor. Essencialmente, essas características podem ser resumidas da seguinte forma: [61]

1. Ouvir – Disposição para ouvir atentamente o que os outros têm a dizer, tanto verbalmente quanto não verbalmente. Isso significa ser receptivo às vozes interiores das pessoas e ouvir não o que ela gostaria de ouvir, mas o que os outros realmente querem comunicar.

2. Empatia – As pessoas precisam ser aceitas e compreendidas, e o líder servidor precisa entender seus sentimentos e assumir as boas intenções dos colegas de trabalho.

3. Restauração – Muitas pessoas estão cheias de problemas e quebradas com feridas emocionais, e um dos grandes pontos fortes da liderança servidora é o potencial para curar a si mesmo e aos outros.

4. Consciência – O autoconhecimento ajuda a entender questões de ética e valores.

5. Persuasão – Capacidade de alcançar consenso e não coagir ou controlar pessoas. Ao tomar decisões organizacionais, o líder servidor

apoia-se mais na persuasão do que na autoridade hierárquica.

6. Conceituação – Capacidade de sonhar e olhar para frente além das realidades do dia a dia.

7. Previsão – Capacidade de compreender as lições do passado, as realidades do presente e a probabilidade de uma decisão para o futuro.

8. Serviço desinteressado – Um compromisso de servir às necessidades dos outros.

9. Compromisso com o crescimento das pessoas – Responsabilidade de cultivar o crescimento pessoal e profissional dos liderados, assumindo que as pessoas possuem um valor intrínseco que vai além da mera realização de tarefas.

10. Construir comunidade – Em contraste com a tendência moderna de agrupar pessoas em massa, a liderança servidora promove uma comunidade de pessoas que aceitam, apoiam e ajudam umas às outras na organização.

É um pouco complicado selecionar exemplos de liderança servidora ao longo da história, já que esse modelo tem a ver com os motivos internos e a atitude pessoal do líder. Como um consenso, porém, Madre Teresa de Calcutá é um exemplo de alguém que pode indiscutivelmente ser classificada como uma líder servidora, considerando seu histórico consistente ao longo de toda a sua vida de dedicação ao serviço com prioridade absoluta para cuidar das necessidades dos moribundos em Calcutá acima de suas próprias necessidades pessoais. O resultado de sua liderança foi uma organização mundial dedicada a aliviar o sofrimento humano.

Liderança Espiritual

O conceito de liderança sempre teve uma ligação íntima com a espiritualidade, seja na forma de expressão religiosa ou não. Praticamente todos os reis ou governadores da antiguidade adoravam alguma forma de divindade e geralmente atribuíam suas vitórias militares e sucessos políticos a deuses sobrenaturais. Independentemente da tradição religiosa, espiritualidade e liderança parecem ser quase inseparáveis na história antiga. Os antigos hebreus, por exemplo, adotaram uma forma de governo teocrático onde Deus governava a nação através das mensagens dos profetas. Reis e governadores do Egito, China, Índia, Império Asteca e outros povos adoravam o deus-sol ou outras divindades e consultavam seus sacerdotes sobre seus destinos e as decisões políticas da nação.

A Revolução Francesa, na última década do século XVIII, reagiu violentamente contra os poderes e o status nobre do clero católico e da monarquia, transferindo o poder da igreja para o Estado republicano. O governo descartou totalmente a noção de Deus e religião, praticamente abolindo o conceito de espiritualidade e introduzindo o materialismo e o secularismo social cuja influência é sentida na sociedade moderna até hoje.

No entanto, nas últimas décadas, um novo despertar espiritual invadiu quase todas as áreas da atividade humana com uma força quase irresistível em todo o mundo, e os estudos de liderança começaram a redescobrir o enorme potencial que a espiritualidade tem para o desenvolvimento e a produtividade humana. Diferentes autores indicam que "a sociedade está passando por uma revolução espiritual... Alguns observadores veem a espiritualidade como a nova teoria da administração, uma oportunidade de explorar a linguagem religiosa a serviço do desempenho organizacional." [62]

Esse retorno à espiritualidade criou uma visão do ser humano como um ser holístico e conectado, com a vida em múltiplas formas, praticamente condicionando o sucesso da liderança à visão holística e espiritual das pessoas. Esse conceito de liderança espiritual tornou-se uma nova onda nos ambientes corporativos. De uma perspectiva holística, "a liderança espiritual presta especial atenção às interconexões entre Deus, a humanidade e o mundo da natureza; a imanência do passado e do futuro no presente; questões de fraternidade e comunidade; e a rejeição do materialismo." [63]

Embora haja uma tendência quase exagerada de separar espiritualidade de religião, há fortes conexões entre os dois conceitos, e espiritualidade pode ser religiosa ou não, assim como a religião pode ser altamente espiritual ou não, dependendo da forma como é praticada. Em termos simples, as diferenças podem ser resumidas no fato de que a espiritualidade tende a ser uma atitude mais pessoal e inerente a todos os seres humanos, enquanto a religião tende a incorporar rituais públicos, bem como doutrinas e comportamentos estabelecidos por diferentes instituições religiosas de acordo com a preferência pessoal.

Quando se trata de liderança, tanto a espiritualidade quanto a religiosidade podem estar presentes, e as diferenças tornam-se bastante aparentes como consequência do caráter institucional da religião. Abaixo resumo as diferenças entre liderança religiosa e liderança espiritual:

Liderança Religiosa	Liderança Espiritual
Depende da posição	Independente de posição
Imposta por leis e regulamentos	Aceito por livre escolha
Controlada por uma instituição	Controlado por princípios
Garantida pela sociedade	Garantida pelo exemplo
Foco no dever	Foco nos relacionamentos
Prioridade para a autoridade	Prioridade para o cuidado pessoal
Sustentada pela hierarquia	Sustentada pela inspiração

É claro que pode haver alguma sobreposição entre essas duas perspectivas diferentes, mas a própria natureza dessas duas abordagens de liderança parece criar uma distinção entre elas, e essas diferenças parecem ser aplicadas a qualquer papel de liderança ligado a qualquer instituição religiosa.

Dentre os modelos teóricos de liderança, a liderança servidora parece refletir implicitamente os conceitos de liderança espiritual, ao mesmo tempo em que tem aplicações práticas totalmente distintas do contexto religioso. Em outras palavras, "a liderança servidora é profundamente espiritual, mas tornou-se uma abordagem secular para promover o serviço aos outros, o empoderamento, a tomada de decisões compartilhadas, a gestão participativa e uma abordagem holística para o trabalho e para o desenvolvimento pessoal." [64]

Outros modelos estão de alguma forma ligados ao conceito de liderança espiritual, incluindo a liderança altruísta descrita abaixo.

O Paradigma da Liderança Altruísta

Como refletido nos conceitos de liderança transformacional, liderança servidora e liderança espiritual, essa tendência para um novo conceito de liderança altruísta e relacional está crescendo e penetrando em diferentes segmentos da sociedade e da vida corporativa. Margaret Wheatley retratou bem essa mudança de direção em seu livro *Liderança e a Nova Ciência*. Veja como ela descreve essa busca por uma abordagem de liderança com novos padrões:

A liderança, um fenômeno amorfo que nos intriga desde que as pessoas começaram a se organizar, está sendo examinada agora por seus aspectos relacionais. Poucos ou nenhuns teóricos ignoram a complexidade das relações que contribuem para a eficácia de um líder. Em vez disso, há cada vez mais estudos sobre parceria, liderados, empoderamento, equipes, redes e o papel do contexto.

Problemas relacionais aparecem em todos os lugares que eu olho. Questões éticas e morais não são mais conceitos religiosos difusos, mas elementos-chave na relação que qualquer organização tem com colegas, partes interessadas e comunidades. No nível pessoal, muitos autores escrevem agora sobre nossa relação interior com nosso espírito, alma e propósito de vida. Os escritores ecológicos enfatizam as relações que existem não apenas entre nós e todos os seres em nosso ambiente, mas também entre nós e as gerações futuras. Se a física de nosso tempo está revelando a primazia dos relacionamentos, é de se admirar que estejamos começando a repensar nossas principais questões em termos mais relacionais?[65]

Como o conceito de liderança altruísta constitui uma ruptura com o paradigma tradicional, uma maneira fácil de visualizá-lo é fazer uma comparação entre o paradigma do chefe tradicional e o de líderes altruístas que estão mais focados no bem-estar da equipe e dos liderados do que em seu próprio sucesso ou poder pessoal. Referindo-se ao modelo de liderança servidora, McGee-Cooper e Trammell traçam uma comparação entre os dois paradigmas de liderança de forma prática, conforme resumido e adaptado a seguir:[66]

Chefe Tradicional	Líder Servidor
Motivado para conquistar	Motivado para servir
Competitivo e independente	Colaborativo e interdependente

Centralizado na vitória pessoal	Capacita todos a vencer
Concentra-se na ação rápida	Concentra-se em obter compreensão
Confia em fatos, lógica, prova	Confia em prever fatos e lógica
Controla a informação	Compartilha informações
Prioridade para falar e ser ouvido	Prioridade para ouvir respeitosamente
Valoriza o talento individual	Valoriza desenvolvimento de talentos
Poder baseado na hierarquia	Poder baseado em confiança
Baseado no controle e intimidação	Baseado na confiança e no respeito
Foco em condenar os erros	Foco em aprender com os erros
Usa o humor para controlar	Usa o humor para encorajar outros

É comum tratar o modelo clássico de "chefe" como a personificação da liderança. As pessoas frequentemente vêm esse modelo tradicional como a única alternativa para exercer autoridade, e não veem lugar para maneiras diferentes de pensar, para tentar novas abordagens ou para construir relacionamentos com a equipe. O conceito de liderança altruísta desafia esse paradigma tradicional, rompe com o mito de uma hierarquia inquebrável, propõe o aprendizado através dos erros da equipe e aproveita as opiniões e experiências das pessoas em todos os níveis da organização. Também distribui para todo o grupo as informações que antes eram privilégio de poucos, para que todos possam se sentir parte de uma mesma equipe, lutando pelo sucesso compartilhado.

Outra maneira prática de ver o paradigma da liderança servidora é comparar as habilidades esperadas do cargo gerencial tradicional e as habilidades esperadas da liderança servidora. Os dois perfis poderiam ser facilmente confundidos, mas há uma diferença filosófica em suas atitudes mais básicas e em seu comportamento profissional, como resumido a seguir: [67]

Habilidades do Chefe	Competências do Líder
Dirigir e controlar a equipe	Apoiar a equipe
Tomar decisões	Capacitar outros a decidir
Pensar criativamente	Inspirar a criatividade
Escutar	Garantir a compreensão
Resolvendo problemas	Antecipar os problemas
Implementar tecnologia	Humanizar a tecnologia
Evitar riscos	Inspirar a correr riscos

Há um contraste evidente entre as duas listas. Na gestão tradicional, as habilidades e os resultados tendem a se concentrar no líder, que passa a ser o centro de atividades como controlador, tomador de decisões e força criativa. Na liderança servidora, habilidades e resultados são distribuídos entre todos os membros da equipe, cujas ações são apoiadas, empoderadas e inspiradas pelo líder. Outro contraste marcante é que a gestão tradicional se protege do risco, enquanto um líder servidor estimula a prontidão para correr riscos, como uma oportunidade para conquistar novos horizontes.

Altruísmo e Liderança Moral

Uma característica típica da liderança altruísta é que o líder não depende de uma posição formal para exercer a liderança. Os líderes podem usar sua posição formal para beneficiar as pessoas ou para oprimi-las, a fim de se beneficiar e perpetuar seu próprio poder. Grandes líderes usaram sua posição e poder formal para melhorar a vida e os destinos de seus liderados. Se considerarmos Abraham Lincoln, Winston Churchill e Mikhail Gorbachev, é evidente que eles usaram o poder formal para trabalhar para o bem do povo. Lincoln libertou seu país da escravidão e garantiu a unidade nacional ao liderar e vencer a Guerra Civil Americana, Churchill garantiu a soberania da Grã-Bretanha na Segunda Guerra Mundial e Gorbachev mudou a história da União Soviética, acabando com a ditadura comunista em seu país.

Se olharmos para outro grupo de líderes que já foram julgados pela história, Adolf Hitler, Saddam Hussein e Augusto Pinochet, por exemplo, usaram a liderança formal para abusar do poder, cometendo crimes contra a humanidade e violando flagrantemente os direitos humanos. Hitler, com o pretexto de construir um império alemão, matou seis milhões de judeus, além de milhões de outros. Saddam Hussein governou o Iraque, massacrando e eliminando qualquer voz dissidente ou pessoa suspeita de discordar de seu regime, e Pinochet se manteve no poder no Chile por dezessete anos à custa de tortura, morte e "desaparecimentos."

Em contraste com os exemplos mencionados anteriormente, poderíamos perguntar: o que Mahatma Gandhi, Madre Teresa e Nelson Mandela têm em comum? A resposta é simples: os três tinham influência e autoridade moral incontestável, independentemente de qualquer tipo de poder formal. Gandhi, que nunca foi eleito para um cargo público, mudou a história da Índia ao liderar um movimento de resistência pacífica contra o domínio britânico sem derramar uma única gota de sangue. Madre Teresa construiu um império de caridade e assistência social, comprometendo-se pessoalmente a ajudar os pobres e sofredores. Nelson Mandela mudou a história da África do Sul ao liderar a luta contra a opressão racista do apartheid. Despojado de qualquer poder formal, Mandela mudou a história durante os vinte e sete anos que passou atrás das grades, acabando por deixar a prisão para trás para se tornar o primeiro presidente negro do país.

Os exemplos acima demonstram que, apesar de intimamente relacionados, liderança e poder não são necessariamente a mesma coisa. Embora em alguns casos a liderança se confunda com o poder formal, em outros, ela é completamente independente dele. Há líderes que se tornam grandes por causa de suas posições formais, enquanto outros se destacam como pessoas que exercem autoridade moral independentemente de ter qualquer tipo de posição formal.

O Altruísmo das Aves Migratórias

A natureza nos oferece alguns exemplos clássicos de estratégias de vida que ilustram bem o conceito de liderança altruísta. Embora consideremos a liderança um fenômeno da natureza e do comportamento humanos, na realidade ela não é exclusivamente humana. Na verdade, a natureza está cheia de exemplos de animais de quase todas as espécies que estabelecem relações entre um animal líder e os liderados em seu grupo. As abelhas, por exemplo, têm sua hierarquia perfeita e harmoniosa sob o comando da abelha rainha. Os leões têm seu líder que guia o bando em busca de alimento e protege as leoas e filhotes dos ataques ou ameaças de outros animais. O mesmo acontece com girafas, búfalos, lobos e outros animais, grandes e pequenos.

As aves migratórias são outro excelente exemplo e uma das maravilhas do nosso mundo natural. Eles viajam milhares de quilômetros, às vezes cruzando oceanos, de um hemisfério para o outro, em busca de uma abundância de alimentos em um clima melhor, para mais tarde retornar à sua terra de origem uma vez que o inverno rigoroso passou. Gansos canadenses, por exemplo, são famosos por viajar pelo meio do céu com um líder na frente, acompanhado por duas linhas de liderados na forma de um V gigante, fazendo uma formação aerodinâmica perfeita de várias maneiras diferentes. O vácuo deixado pelas aves à frente reduz a resistência do ar, facilitando o voo para quem segue. O único que não se beneficia da estrutura aerodinâmica é o líder, que faz um esforço duplo para enfrentar a resistência do ar a fim de servir ao grupo, ao mesmo tempo em que assume a responsabilidade de guiá-los pela melhor rota até o destino desejado.

Essa comparação entre o comportamento migratório de gansos selvagens e o comportamento humano é bem conhecida. Por exemplo, os fatos abaixo retratam uma verdadeira demonstração de liderança em que os gansos selvagens nos ensinam várias lições importantes. Colocando essas lições em uma linguagem mais técnica, poderíamos dizer que o estilo de liderança que os gansos demonstram durante a migração apresenta as seguintes características:

Desempenho máximo – Ao bater as asas, os gansos causam um movimento no ar que é sustentado para a ave seguinte, fazendo com que todo o grupo, em uma formação em V, possa voar muito mais do que cada ave poderia voar sozinha. "A formação em V de patos e gansos pode representar a melhor possibilidade de que haja vantagens aerodinâmicas, pelo menos para aqueles indivíduos que não lideram o rebanho. As observações que os pássaros se revezam na liderança apoiam essa ideia." [68]Aplicando essa fórmula no contexto humano, líderes que trabalham em equipe e compartilham a mesma missão e objetivos podem ampliar seus resultados, facilitando o trabalho e potencializando o desempenho de todos por meio da confiança e apoio mútuos.

Interdependência da equipe – Se, por qualquer motivo, um ganso deixa a formação, a dificuldade de voar com o aumento da resistência do ar faz com que ele sinta a ausência da equipe, e ele retorna à formação para aproveitar o poder de sustentação oferecido por seus companheiros de voo, assim como trabalhar em equipe fornece força aos seus membros, potência e segurança.

Encorajamento e apoio mútuos – Gansos tendem a grasnar e "cantar" enquanto voam como uma forma de encorajar mutuamente uns aos outros enquanto todos trabalham para manter seu ritmo e velocidade.

Liderança compartilhada – Nenhum líder pássaro consegue permanecer na posição cansativa do líder por muito tempo sozinho. Em outras palavras, quando se cansa, o ganso líder se move para o fundo do grupo, enquanto outro pássaro assume a liderança, de modo que os diferentes líderes se alternam através da posição de liderança, compartilhando o esforço e a responsabilidade de guiar o grupo.

Senso de comunidade – Em caso de doença ou ferimento, a ave ferida deixa o grupo, seguida por outros dois gansos que deixam a formação para proteger e ajudar o companheiro ferido até que ele se sinta melhor ou morra. Só então eles decolam, sozinhos ou em outra formação, para retornar ao seu rebanho.

Ponto-Chave

As teorias tradicionais de liderança enfocam aspectos relacionados ao comportamento e à personalidade dos líderes como fatores determinantes para o sucesso da liderança de uma pessoa. No entanto, o que a maioria das teorias não explora mais profundamente é o lado humano de líderes e liderados, com seus valores pessoais, necessidades íntimas e motivos internos que, no final, determinam quem e o que essas pessoas realmente são. Nesse contexto, o conceito de liderança altruísta apresenta-se como uma resposta a esse vazio, enfatizando que a própria essência da liderança se encontra no desenvolvimento das pessoas.

Ser um líder significa ser uma pessoa a serviço dos outros, estar satisfeito com a satisfação pessoal de seus colegas de trabalho e ver o crescimento e progresso de seus liderados como seu próprio progresso e crescimento e seu bem-estar como seu próprio bem-estar. Essa visão pode soar estranha à luz dos conceitos tradicionais que priorizam o lucro e a vantagem pessoal. De fato, o paradigma da liderança altruísta é diretamente oposto ao paradigma da liderança tradicional. No entanto, a conclusão é clara: o crescimento de um grupo de liderados resulta inevitavelmente no crescimento do líder e no crescimento da organização, produzindo o máximo de crescimento para todos. É assim que o líder altruísta cresce: fazendo os outros crescerem.

Os capítulos seguintes mostram como esses fatores se combinam na vida de seres humanos comuns para criar lideranças altruístas de proporções gigantescas em diferentes áreas da atividade humana, deixando um legado para o mundo.

3
Liderança, Missão e Autoconhecimento

O apóstolo Pedro era um líder bíblico que não se conhecia! E por não se conhecer, a liderança do apóstolo Pedro ficou totalmente comprometida, quase destruída. Quando Jesus disse que todos ficariam escandalizados com a crucificação, Pedro, pensando que se conhecia, disse que nunca negaria Jesus, mesmo depois de Jesus ter dito que Pedro o negaria antes do amanhecer! Havia três coisas que Pedro não sabia sobre si mesmo:

- Não conhecia seus pontos fracos
- Não conhecia seus pontos fortes
- Não sabia o grau de sua lealdade e amor por Jesus Cristo

Não se conhecendo, Pedro estava excessivamente confiante em si mesmo, e quando pressionado por oficiais da corte, no momento em que Jesus mais precisava de seu apoio, Pedro falhou e vergonhosamente negou seu relacionamento com Cristo!

Nesse momento, ele olha para Jesus e seus olhos se encontram com os de Jesus, levando Pedro a um amargo arrependimento e a uma reflexão séria. E foi justamente através desse fracasso que Pedro fez uma profunda introspecção e começou a descobrir quem ele realmente era!

Dias depois, Jesus ressuscitou e encontrou Pedro na praia. E foi lá que Jesus ajudou Pedro a descobrir-se a si mesmo. Lembrando-se do fracasso de Pedro, Jesus pergunta: "Pedro, você me ama?" Ainda um pouco atordoado, Pedro tentou se afirmar dizendo que sim. Mas Jesus pergunta novamente: Pedro, você me ama? Pedro tentou esconder e disse que sim. Foi quando Jesus perguntou pela terceira vez: "Pedro, você tem certeza de que me ama?" Naquele momento, Pedro entendeu que ainda não se conhecia o suficiente e se colocou nas mãos de Jesus. O diálogo é dramático:

> Perguntou-lhe terceira vez: Simão, filho de João, amas-me? Entristeceu-se Pedro por lhe ter perguntado pela terceira vez: Amas-me? E respondeu-lhe: Senhor, tu sabes todas as coisas; tu sabes que te amo. Disse-lhe Jesus: Apascenta as minhas ovelhas. (João 21:17).

E foi somente depois que Pedro conheceu a si mesmo e suas fraquezas, que Jesus viu Pedro como um líder e disse: Apascenta as minhas ovelhas! Em outras palavras, você só pode ser um líder com senso de missão quando você se conhece!

Princípios Bíblicos de Autoconhecimento

A experiência de Pedro revela alguns princípios que estão implícitos no conceito bíblico de autoconhecimento e na experiência de muitos outros líderes na Bíblia. Em resumo, podemos citar os seguintes princípios bíblicos de autoconhecimento:

1. **A humildade precede o autoconhecimento** – Embora estivesse confiante demais em si mesmo, Pedro não conhecia suas próprias fraquezas e forças. Ele não via suas próprias limitações e, portanto, não se conhecia. Enquanto mantinha uma postura arrogante, sentindo-se superior aos outros colegas, seus olhos estavam fechados para o autoconhecimento, e seu orgulho o impedia de ver suas próprias fraquezas. Sua arrogância era tal que dizia que se todos se escandalizassem com Jesus, ele, Pedro, jamais o faria. Somente por amargo fracasso Pedro teve seu orgulho quebrado e se sentiu no fundo do poço. E foi somente na humildade de um fracasso que Pedro foi capaz de ver suas próprias fraquezas e desconfiar de si mesmo. Em outras palavras, a Bíblia destaca claramente um princípio fundamental da liderança: a humildade precede o autoconhecimento.

2. **O autoconhecimento precede a missão** – Pedro não poderia começar a missão até passar no teste de autoconhecimento. Jesus sabia

que Pedro não poderia servir e ajudar os outros no crescimento cristão enquanto tivesse uma visão distorcida de si mesmo e não conhecesse suas próprias fraquezas e limitações. A amargura do fracasso fazia parte do processo de preparação para a missão. Ao explorar o autoconhecimento, Pedro aprendeu outro princípio de liderança, pois na mentalidade bíblica, o autoconhecimento precede a missão.

3. A reflexão é o caminho para o autoconhecimento – No fundo de sua humilhação, Pedro já não confiava tanto em si mesmo, mas ainda não sabia quem realmente era. Desde seu fracasso espiritual, Pedro iniciou um processo de profunda reflexão introspectiva e autoavaliação. Finalmente, Pedro e Jesus se encontram na praia após a ressurreição. Nesse momento, Jesus aprofunda a reflexão de Pedro fazendo com ele o teste de autoconhecimento: "Simão, filho de João, tu me amas mais do que estes?" (v. 15). Essa nova reflexão ajudou Pedro a entender que, quando se considerava superior aos outros colegas, Pedro realmente não se conhecia. Ao chamar Pedro para uma reflexão mais profunda, Jesus destacou outro princípio de liderança: a reflexão é o caminho para o autoconhecimento!

4. O amor a Cristo é o teste final da missão – O teste do autoconhecimento também foi o teste da missão. O conteúdo do teste de missão é diferente de todos os exames acadêmicos convencionais. Ao aplicar o teste missionário, Jesus não perguntou a Pedro quantos cursos de liderança ele havia feito, por mais valiosos quanto os cursos de liderança sejam. Em vez de pedir uma bibliografia completa dos principais best-sellers de liderança, Jesus fez um teste com apenas três perguntas repetidas: "Tu me amas?" Somente ao responder à última pergunta Pedro entendeu que a prova final da missão é o amor a Cristo, e só então Jesus confiou a Pedro a maior missão de liderança já confiada aos mortais: "Apascenta as minhas ovelhas."

Autoconhecimento e Missão

Tanto na liderança cristã quanto na secular, o estilo de liderança está, de certa forma, relacionado à personalidade do líder, embora não haja necessariamente uma relação de causa e efeito. Não se pode dizer que uma coisa depende da outra, mas certamente toda personalidade tem uma tendência para um ou outro estilo de liderança. É por isso que é importante conhecer bem a sua personalidade antes de poder liderar outras pessoas com personalidades diferentes e estilos de liderança diferentes.

A primeira pergunta que um líder deve responder, e a mais difícil de todas, é: QUEM SOU EU? Faça um teste onde você está e responda a essa pergunta por si mesmo com apenas uma palavra ou frase. Se você demorar mais de 30 segundos para responder, você provavelmente não se conhece suficiente. Na verdade, quase todo mundo precisa de mais tempo para responder a essa difícil pergunta!

A história está cheia de governantes cujo governo foi um desastre porque eles não se conheciam. Por exemplo, vários imperadores romanos não se conheciam e pensavam que eram deuses! Um exemplo claro é o imperador romano Nero, que teve uma gestão violenta, matou sua própria mãe e milhares de súditos, queimou a cidade de Roma para acusar os cristãos de terem conspirado contra a cidade e cometeu várias outras atrocidades. Mesmo assim, ele se considerava um grande imperador e, quando se suicidou com a ajuda de um assistente, afirmou: "Que grande artista o mundo está perdendo!" Seu autoconhecimento foi limitado por uma autoavaliação distorcida.

"Conhece-te a ti mesmo", é a máxima grega que o filósofo Sócrates usava repetidamente para motivar os seus diálogos com os seus alunos. Esta frase reflete a essência da sabedoria dos antigos! A implicação é simples: enquanto você não se conhece, você não pode liderar ninguém.

O segredo da liderança está na combinação do autoconhecimento com o conhecimento da missão. Jesus Cristo, o maior líder da história, articulou perfeitamente o conhecimento de si mesmo com o conhecimento de sua missão. Descreveu-se em frases curtas e metáforas ricas em significados que descreviam a amplitude de sua missão. Em sete ocasiões diferentes, veja como o autoconhecimento de Jesus Cristo definiu sua liderança:

- A missão de nutrir e crescer: "Eu sou o pão da vida. Aquele que vem a Mim nunca terá fome, e aquele que crê em Mim jamais terá sede." – João 6:35
- A missão de iluminar e acabar com a ignorância e a confusão: "Eu sou a luz do mundo. Aquele que me segue não andará nas trevas, mas terá a luz da vida." – João 8:12
- A missão de dar oportunidade a todos: "Eu sou a porta. Se alguém entrar por mim, será salvo, e entrará e sairá e encontrará pasto." – João 10:9

- A missão da compaixão e do amor: "Eu sou o bom pastor. O bom pastor dá a vida pelas ovelhas." – João 10:11
- A missão de dar a vida eterna: "Eu sou a ressurreição e a vida. Aquele que crê em Mim, ainda que morra, viverá. E todo aquele que vive e crê em Mim jamais morrerá." – João 11:25, 26
- A missão de revelar o acesso único à verdade: "Eu sou o caminho, a verdade e a vida. Ninguém vem ao Pai senão por mim." – João 14:6
- A missão de conectar pertencer: "Eu sou a videira, vocês são os ramos. Aquele que permanece em Mim, e eu nele, dá muito fruto; porque sem mim nada podeis fazer." – João 15:5

Nenhum líder da humanidade jamais teve tanto autoconhecimento e autoconsciência de sua própria missão e propósito na vida quanto Jesus Cristo. Esse autoconhecimento de Cristo é o modelo para uma liderança plena, eficaz e completa.

Segredos do Autoconhecimento

Para exercer a liderança, produzir o máximo de si mesmo e atender bem às necessidades das pessoas, você deve conhecer seu potencial interior. Mas, para isso, você tem que descobrir quem você é, o que é que você mais ama na vida e qual legado você quer deixar para a humanidade.

O grande desafio é: como se conhecer? Para entender esse assunto, vamos analisar brevemente os princípios do autoconhecimento em forma de alguns segredos e dicas práticas. Em outras palavras, quero compartilhar com vocês o que chamo de dez segredos do autoconhecimento. Vejamos:

1. **Desenvolva autenticidade** – Isso significa que sua pessoa externa deve ser a mesma que sua pessoa interior, sem usar máscara. Isso não é fácil, porque geralmente não queremos saber quem realmente somos porque não aceitamos ser o que não gostaríamos de ser. Mas se você quer ser um líder e se conhecer, você tem que ser autêntico consigo mesmo. Cristo estava consciente de sua própria identidade: "As obras que eu faço em nome de meu Pai, essas dão testemunho de mim. Eu e o Pai somos um." (João 10:25 e 30).

2. **Admita suas próprias limitações** – Dentro do mesmo contexto, é preciso honestidade pessoal para admitir suas fraquezas e conviver com elas sem negar suas próprias falhas e limitações. Como

dizia Albert Einstein, "só quando aceito meus limites posso ultrapassá-los". Cristo era perfeito aqui na Terra, mas mesmo ele reconhecia suas limitações: "As raposas têm covis, e as aves do céu têm ninhos; mas o Filho do homem não tem onde reclinar a cabeça." (Mateus 8:20).

3. **Aceite-se** – Depois de admitir suas próprias limitações, o próximo passo é você se aceitar como pessoa do jeito que você é. Em vez de tentar ser diferente de quem você realmente é, busque crescimento pessoal dentro de quem você é sem omitir nada, incluindo bons e ruins, pontos fortes e fracos, sentimentos positivos e negativos, amor e ódio. O apóstolo Paulo teve essa atitude permanente em sua vida: "Pelo que sinto prazer nas fraquezas, nas injúrias, nas necessidades, nas perseguições, nas angústias por amor de Cristo. Porque quando estou fraco, então é que sou forte." (2 Coríntios 12:10).

4. **Valorize seus pontos fortes** – Tão importante quanto aceitar suas limitações é apreciar seus pontos fortes. Nosso maior problema é que muitas vezes nos preocupamos com o que não somos e não valorizamos o que somos, quando deveríamos estar fazendo exatamente o contrário. Em vez de lamentar suas fraquezas, invista suas energias no desenvolvimento de seus pontos fortes, pois eles determinarão seu potencial. O apóstolo Paulo viu isso com clareza meridiana quando disse: "Ao contrário, reconheceram que a mim havia sido confiada a pregação do evangelho aos incircuncisos; assim como a Pedro, aos circuncisos. Pois Deus, que operou por meio de Pedro como apóstolo aos circuncisos, também operou por meu intermédio para com os gentios." (Gálatas 2:7-8).

5. **Desenvolva o autoconhecimento** – O autoconhecimento inclui o conhecimento da personalidade, temperamento e estilo de vida. Somente quando você está ciente de sua própria personalidade é que você desenvolve a capacidade de aprender com seus erros e com seus acertos também. Quando você se conhece, você se sente confortável com seu estilo pessoal, seus pontos fortes, e não se sente diminuído por suas fraquezas. Jesus demonstrou a importância de conhecer o temperamento na liderança ao dar um novo nome a dois discípulos temperamentais: "Tiago, filho de Zebedeu, e João, irmão de Tiago, aos quais pôs o nome de Boanerges, que significa: Filhos do trovão." (Marcos 3:17).

6. **Evite a preocupação excessiva com a imagem** – Quando você se preocupa demais com o que os outros pensam e está sempre

buscando aprovação e aceitação dos outros, sua liderança se deixa guiar por uma espécie de padrão imaginário, no qual você tenta apresentar aos outros uma imagem diferente do que você é. Quando você se conhece, a preocupação com sua imagem não é mais prioridade. Jesus conhecia tão profundamente a sua missão que colocou a sua imagem pública ao serviço da missão, perguntando:

> Quem dizem as multidões que eu sou? Responderam eles: Uns dizem: João, o Batista; outros: Elias; e ainda outros, que um dos antigos profetas se levantou. Então lhes perguntou: Mas vós, quem dizeis que eu sou? Respondendo Pedro, disse: O Cristo de Deus. Jesus, porém, advertindo-os, mandou que não contassem isso a ninguém; e disse-lhes: É necessário que o Filho do homem padeça muitas coisas, que seja rejeitado pelos anciãos, pelos principais sacerdotes e escribas, que seja morto, e que ao terceiro dia ressuscite. (Lucas 9:18-22).

7. **Desenvolva o autodomínio** – Você precisa se conhecer para poder ter autocontrole pessoal e emocional. Só assim você pode assumir a responsabilidade por seu próprio comportamento e se sentir livre para abraçar novas ideias e trazer mudanças pessoais e organizacionais. O apóstolo Paulo descreve o segredo do autocontrole: "Antes subjugo o meu corpo, e o reduzo à submissão, para que, depois de pregar a outros, eu mesmo não venha a ficar reprovado." (1 Coríntios 9:27).

8. **Conheça seus valores** – Cada líder precisa ter uma noção clara e determinada daquilo que é supremo e inegociável em sua vida. O líder se distingue pelos valores que regem a sua vida no íntimo de seu ser. Cristo resumiu os valores supremos da sua vida quando disse: "Amarás ao Senhor teu Deus de todo o teu coração, de toda a tua alma, de todas as tuas forças e de todo o teu entendimento, e ao teu próximo como a ti mesmo." (Lucas 10:27).

9. **Ame a missão da sua vida** – Descubra o que você mais ama na vida e dedique-se a fazer o que realmente gosta. Na liderança, nada é tão poderoso quanto descobrir o que traz paixão e o que motiva você. Esse foi o segredo para o sucesso dos apóstolos e dos pioneiros da igreja. Eles tinham paixão pela pregação do Evangelho e amavam a missão de salvar almas. Cristo amou a missão de salvar e expressou-a de forma clara e apaixonada: "Jesus, porém, ouvindo isso, disse-lhes: Não necessitam de médico os sãos, mas sim os enfermos; eu não vim

chamar justos, mas pecadores." (Marcos 2:17).

10. **Descubra a si mesmo** – Autodescoberta é um processo permanente de busca e reflexão interior. Esse é o início da verdadeira liderança. Bons líderes descobrem quem são ao lidar com outras pessoas e simpatizar com as necessidades humanas. Esse tipo de relacionamento humano revela os próprios sentimentos e desenvolve o senso de missão. Jesus se autodescobriu aos 12 anos de idade quando estava no templo comparando o sistema ritual com as profecias messiânicas e percebeu claramente a sua missão. Quando seus pais perceberam a ausência de Jesus na viagem de volta e ficaram preocupados, Jesus respondeu como quem já tinha descoberto a sua missão:

> Respondeu-lhes ele: Por que me procuráveis? Não sabíeis que eu devia estar na casa de meu Pai? Eles, porém, não entenderam as palavras que lhes dissera. Então, descendo com eles, foi para Nazaré, e era-lhes sujeito. E sua mãe guardava todas estas coisas em seu coração. E crescia Jesus em sabedoria, em estatura e em graça diante de Deus e dos homens. (Lucas 2:49-52).

Os pais não entenderam a resposta de Jesus, mas Maria percebeu que Jesus estava se autodescobrindo e encontrando a sua missão, e por isso ela guardava tudo no coração.

Em suma, o autoconhecimento provém da autodescoberta e da experiência de vida. Toda líder precisa se autodescobrir para se autoconhecer e desenvolver a própria missão. Líderes ganham confiança quando os liderados veem sua força interior, confiança interior e senso de missão para servir e ajudar aqueles que lideram a crescer e desenvolver o potencial uns dos outros no contexto do cumprimento da missão, o que resulta no crescimento mútuo dos líderes e liderados. Lembre-se desses segredos ao desenvolver sua liderança.

Desenvolvendo o Autoconhecimento

O papel do autoconhecimento no processo de liderança é de vital importância tanto no que diz respeito ao tipo de personalidade quanto em relação aos princípios e questões íntimas do próprio ser. Para conhecer a si mesmo, o líder precisa investigar seu próprio ser e refletir sobre seu potencial, ssua personalidade, sua autenticidade, seus valores pessoais e motivos internos. Como dizem Kouzes e Posner:

Para se conhecer, você tem que explorar seu território interior. Você tem que viajar para aqueles lugares escondidos do coração e da alma onde você enterra seus tesouros, de tal forma que você pode examiná-los cuidadosamente e, finalmente, torná-los visíveis. [69]

Mais do que isso, o processo de autoconhecimento precisa ser uma atitude permanente do líder, uma espécie de redescoberta a cada dia, pois nosso ser está sempre em constante transformação diante das experiências e desafios da vida. À medida que a pessoa se desenvolve, novas perspectivas surgem e precisam ser constantemente redescobertas e reavaliadas por meio da constante reflexão.

Esse processo de autodescoberta requer determinação e comprometimento. Precisamos desenvolver uma mentalidade de aceitar nossas próprias limitações, ouvir o que os outros pensam sobre nós e pensar sobre a maior contribuição que podemos e queremos dar às outras pessoas através de nossa própria vida. É preciso uma atitude intencional de busca de si mesmo para descobrir seu potencial. Ao mesmo tempo em que traz prazer e satisfação, esse processo de autoconhecimento requer coragem para encarar o próprio ser e admitir as áreas que precisam de crescimento e aprimoramento.

Somente através da autodescoberta você será capaz de realizar o potencial que você tem para oferecer ao mundo um legado e contribuição altruísta que torna a vida de outras pessoas mais significativas. Todo legado começa com a descoberta de si mesmo. Por isso, o autoconhecimento é o ponto de partida para um legado altruísta.

O melhor caminho para o autoconhecimento é a reflexão pessoal introspectiva. Através da reflexão, podemos descobrir áreas de crescimento pessoal que precisam ser exploradas. Portanto, este livro explora o método de reflexão com uma série de exercícios práticos apresentados a seguir.

Reflexão de Autodescoberta

1. Responda a seguinte pergunta: Quem sou eu? Tente resumir quem você é em apenas uma sentença ou mesmo uma palavra.

---

2. Se alguém fosse escrever a sua biografia, com que realização você gostaria de ser lembrado pela história? Qual você gostaria que fosse o subtítulo de sua biografia?

3. Qual o legado que você gostaria de deixar para a humanidade?

Conhecendo seus Valores

Todas as decisões na vida são baseadas em crenças, atitudes e valores, seja consciente ou inconscientemente. Na verdade, nossos valores fundamentais são a verdadeira representação de nosso ser autêntico e determinam nosso comportamento e nossa visão de futuro. Em outras palavras, valores pessoais como honestidade, respeito e confiança, por exemplo, são princípios que definem você como indivíduo e determinam como você vai encarar o mundo e se relacionar com as pessoas.

Cada pessoa tem seus próprios valores específicos que fazem parte de quem você é, e os valores fundamentais de cada pessoa têm pelo menos três características distintas, ou seja, são essenciais, universais e pessoais. Essencial porque você sente que não pode viver sem eles, universal porque eles se aplicam o tempo todo e em todos os lugares, e pessoal porque eles são uma parte de si mesmo.

Reflexão sobre os Valores

Na lista abaixo, circule os 7 valores que você considera mais importantes

Alegria	Crescimento	Lealdade	Religião
Amizade	pessoal	Liberdade	Respeito
Amor	Criatividade	Liderança	Responsabilidade
Aventura	Confiança	Ordem	Riqueza
Carinho	Empatia	Poder	Sabedoria
Compaixão	Espiritualidade	Prazer	Saúde
Competitividade	Fama	Realização pessoal	Segurança
Comunidade	Família	Reconhecimento	Serviço
Conhecimento	Honestidade	Relacionamento	Trabalho
Cooperação	Independência		
	Integridade		

Dos 7 valores que você circulou acima, escreva abaixo os 3 valores que você considera absolutamente indispensáveis para você. Não tome muito tempo para fazer isso. Basta escrever o que vem à mente em primeiro lugar.

Relembre um exemplo em sua vida em que você honrou esses valores fundamentais.

Conhecendo sua Própria Personalidade

Não é novidade ouvir que as pessoas são diferentes. Os líderes são diferentes. Os liderados são diferentes. Os líderes têm sua própria maneira de exercer a liderança de acordo com seus tipos de personalidade e estilos pessoais. Essa pluralidade de estilos e personalidades torna a tarefa do líder difícil e complexa. Por esse motivo, é difícil para um líder atrair e impactar todos os liderados, assim como é praticamente impossível para um seguidor apreciar todo tipo de líder. Cada seguidor tende a se sentir atraído por líderes cujo estilo ou maneira de liderar "se encaixa" ou vai bem com seu tipo de personalidade. Em outras palavras, liderança e personalidade estão tão intimamente relacionadas que não vale a pena separá-las. No final, toda liderança é realizada através da personalidade. Embora alguns autores queiram separar o fenômeno da liderança da pessoa do líder, essa separação torna-se artificial, pois é impossível separar o processo de liderança das pessoas que atuam nesse processo.

Muito se tem escrito sobre os atributos de personalidade que distinguem comunicadores e líderes. Algumas teorias no passado propunham que um determinado conjunto de características determinava o sucesso ou fracasso de uma pessoa em uma determinada área. Como já mencionamos com as teorias de liderança, a chamada teoria dos traços sustenta que toda pessoa nasce com um tipo físico, mental e psicológico que a torna líder ou liderado. Essa teoria está cada vez mais ultrapassada.[70]

Vários modelos têm sido propostas para explicar diferentes tipos de personalidade e estilos de aprendizagem. Devido à incrível complexidade do ser humano, não existe um modelo universal, mas vários estudos psicológicos sugerem diferentes modelos que descrevem estilos mentais e tipos de personalidade.

Na realidade, todos esses modelos de personalidade descrevem diferentes aspectos do comportamento humano. Todas as pessoas possuem traços e comportamentos que podem ser descritos por diferentes modelos, seja qual for o nome do modelo. Alguns modelos são mais elaborados e possuem testes validados por pesquisas acadêmicas, o que lhes confere mais credibilidade.

Todos os modelos tentam descrever e explicar a realidade e a complexidade do comportamento humano. Diferentes modelos oferecem diferentes perspectivas ou diferentes ângulos através dos quais podemos observar e analisar personalidades. No entanto, na prática, o verdadeiro teste de personalidade é a pessoa se conhecer, analisar seu próprio comportamento e tomar consciência de suas próprias tendências e modo de ser. O objetivo do autoconhecimento é fazer com que as pessoas entendam a própria personalidade e desenvolvam o máximo possível de acordo com suas características pessoais, sem tentar imitar o comportamento ou a personalidade de outra pessoa.

Existem muitos modelos de estilos mentais propostos por diferentes teóricos. Cada modelo tem suas vantagens e desvantagens. Alguns são mais detalhados e outros mais gerais, alguns mais simples e outros mais complexos, alguns mais práticos e outros menos práticos. Para visualizar como funcionam os tipos de personalidade na vida de um líder, vamos descrever alguns modelos.[71]

O Indicador de Tipo Myers-Briggs (MBTI)

Recentemente, o teste de personalidade Myers-Briggs Type Indicator (MBTI) tornou-se muito popular. Ele classifica as personalidades de acordo com quatro pares opostos de características. De acordo com essa teoria, derivada da psicologia de Jung, cada pessoa tem uma combinação dessas diferentes características que determina seu tipo de personalidade. Os quatro pares opostos são os seguintes:

Extroversão ou Introversão

Sensibilidade ou Intuição

Pensamento ou Sentimento

Percepção ou Julgamento

Diferentes combinações dessas várias características resultam em 16 tipos distintos de personalidade que descrevem como as pessoas se comportam em diferentes situações, seja no trabalho, nos relacionamentos, na vida familiar, na vida emocional, na vida pessoal, no exercício da liderança ou em qualquer outro lugar. [72]

O Modelo de Personalidade das Cinco Dimensões (Big Five)

Apoiado na literatura de pesquisa, o Modelo das Cinco Dimensões descreve cinco dimensões e acredita-se que represente melhor a maioria dos tipos de personalidade e as principais diferenças encontradas no comportamento das pessoas. Em suma, estes são as cinco grandes dimensões:

- Conscientização. Esse tipo de personalidade descreve pessoas que tendem a ser responsáveis, organizadas, confiáveis e persistentes.
- Estabilidade emocional. Essa dimensão refere-se a pessoas mais propensas a serem calmas, autoconfiantes, seguras e, geralmente, mais tolerantes ao estresse.
- Extroversão. Pessoas extrovertidas são percebidas como mais gregárias, assertivas e sociáveis. Elas são mais comunicativas e tendem a desenvolver facilmente relacionamentos em oposição aos introvertidos.
- Abertura à experiência. Esse tipo de pessoa tende a ser mais criativa, curiosa e artisticamente orientada. Eles geralmente são mais atraídos por inovação e novas ideias.
- Agradabilidade. Essas pessoas são descritas como mais cooperativas, calorosas e confiantes. Elas são mais propensas a atrair outras pessoas de forma amigável. [73]

Os Estilos Mentais de Gregorc

Como descrito por Anthony F. Gregorc, o tipo de personalidade está relacionado à maneira como a mente humana percebe e processa informações. De acordo com essa teoria, a informação é percebida de duas maneiras opostas, concreta ou abstratamente. Por outro lado, a informação é processada na mente em dois formatos que também são opostos, sequencialmente ou aleatoriamente. Para entender melhor esses estilos de pensamento, podemos descrevê-los das seguintes maneiras:

Pensamento concreto – Essa qualidade permite que as pessoas percebam informações diretamente por meio dos cinco sentidos: visão, olfato, tato, paladar e audição. Por isso, as pessoas que exibem esse estilo geralmente lidam com a realidade de forma prática e óbvia, preferindo fatos a ideias e conceitos. Estão mais interessadas no momento presente, pois para elas o mais importante é o aqui e agora, o que é palpável e visível.

Pensamento abstrato – Esse estilo mental permite que uma pessoa perceba e visualize informações, mesmo que elas não sejam apresentadas em dados claros e nítidos. Pessoas com essa forma de pensar demonstram facilidade em conceber ideias e entender temas que não são claramente visíveis, pois tendem a usar a imaginação e a intuição para absorver ideias.

Pensamento sequencial – Essa forma de pensar permite que uma pessoa processe e organize as informações que recebeu linearmente, passo a passo, colocando-as em sequência uma ideia após a outra. Essas pessoas tendem a seguir uma ordem lógica para facilitar a compreensão e geralmente gostam de fazer um plano em vez de agir impulsivamente.

Pensamento aleatório – Esse tipo de pensamento faz com que uma pessoa processe e organize informações em blocos distintos, sem nenhuma ordem específica a ser seguida. Pessoas com essa forma de pensar podem facilmente pular vários passos à frente em uma sequência e ainda chegar ao resultado desejado. Quando têm que ler um livro ou estudar um tópico, por exemplo, elas podem começar no meio, ou ler diferentes capítulos ou partes do tópico, ou até mesmo começar no final e depois ler o início. Geralmente elas não têm muita paciência para planos detalhados e preferem seguir o impulso do momento.

Como já foi mencionado, cada pessoa tem níveis diferentes de cada um desses tipos de pensamento. Distribuindo esses estilos e combinando o estilo de percepção com o estilo de processamento, Gregorc propõe o que ele chama de quatro estilos mentais diferentes que determinam o estilo de pensamento dominante de cada pessoa: o estilo de pensamento concreto-sequencial; o estilo de pensamento concreto-randômico; o estilo de pensamento abstrato-sequencial; e o estilo de pensamento abstrato- randômico.[74]

O Modelo dos Quatro Temperamentos

O modelo de personalidade mais antigo foi proposto por Hipócrates (cerca de 460-370 a.C.), um médico grego que é considerado o pai da medicina. Ele classificou as personalidades humanas em quatro temperamentos básicos: sanguíneo, fleumático, colérico e melancólico. Hipócrates baseou seu modelo na observação informal e na imaginação de diferentes fluidos circulando em cada pessoa, sem pesquisa empírica. No entanto, graças à sua natureza prática e simples, o modelo é muito popular hoje, oferecendo uma descrição informal do comportamento de uma pessoa. De acordo com essa teoria, a personalidade é formada por uma combinação de quatro temperamentos básicos que são: Sanguíneo, Colérico, Melancólico e Fleumático. Os quatro temperamentos incluem as seguintes qualidades e defeitos dominantes, entre outros:

- Sanguíneo: comunicativo, feliz, falante, animado, carismático, extrovertido, instável, inseguro, explosivo, exagerado e altamente emocional.
- Colérico: ativo, prático, decisivo, produtivo, rápido, corajoso, controlador, competitivo, impaciente, agressivo e intolerante.
- Fleumático: calmo, tranquilo, pacífico, diplomático, paciente, gentil, introvertido, frio, calculista, indeciso, passivo e desmotivado.
- Melancólico: intelectual, organizado, sensível, leal, perfeccionista, inseguro, vingativo e altamente sentimental.

Esta teoria dos quatro temperamentos, proposta por Hipócrates, foi mais tarde desenvolvida por Galeno, Emmanuel Kant, Wundt e outros a partir do século XVII. Essa teoria se opõe ao pensamento de Sigmund Freud e seus seguidores, segundo o qual a personalidade é determinada pelo ambiente.

Cada temperamento tem qualidades positivas e negativas, que podem ser melhoradas e desenvolvidas. Cada pessoa tem um temperamento dominante que se combina com alguma porcentagem dos outros temperamentos, formando o conjunto de personalidade. Vamos ver como os líderes que têm cada um desses temperamentos dominantes tendem a se comportar.

O Líder Colérico

O líder colérico é o mais prático de todos. Sua especialidade é a resolução de problemas. Sua mente trabalha muito rápido e não perde tempo pensando. Quando ele vê um problema já está imaginando a solução. Determinado, ele nunca fica em cima do muro sem saber o que fazer. Ao realizar reuniões, os itens passam rapidamente, sem demorar muito nas discussões. E se o time está indeciso, ele mesmo toma as decisões. No escritório, sua mesa tem poucos papéis, porque ele não deixa as coisas da noite para o dia. Ele geralmente retorna todos os telefonemas e responde a todas as cartas.

Dinâmico, ele está sempre em movimento e não consegue parar. Ele leva todos os compromissos a sério e sempre chega antes do previsto. Otimista, ele não tem medo de nada: encara qualquer situação com coragem e acredita que vai dar certo. Independente, não espera por ninguém e não pede a opinião dos outros. Pelo contrário, gosta de dar opinião e sugestão a todos.

Por trabalhar muito rápido, no entanto, o líder colérico não tem muita paciência com outros que são menos velozes. Se os liderados não cumprem plenamente a tarefa, ele reclama com a maior naturalidade e pode facilmente machucar e ferir seus companheiros. Autossuficiente, ele tem dificuldade em delegar tarefas, pois confia mais em si mesmo do que nos outros, e por isso acaba centralizando as tarefas em si mesmo. Em vez de concordar com aqueles que lidera, prefere dar as ordens, e espera ser obedecido, às vezes criando um clima de insatisfação no grupo.

Focado em cumprir tarefas, o líder colérico se preocupa principalmente em alcançar o sucesso e a produtividade em tudo o que faz. Está sempre pensando em termos de resultados e seu maior medo é perder o controle da situação ou mesmo das pessoas.

O Líder Fleumático

O líder fleumático é o mais calmo de todos. Dificilmente uma situação o assusta. Ele consegue lidar com assuntos complicados e estressantes com serenidade e calma como se fossem coisas simples. Às vezes, ele até irrita os mais preocupados com a frieza com que enfrenta os problemas. Perseverante, ele vai até o fim do que começa, mesmo que outros se oponham a ele.

Devagar, ele gosta de planejar seus projetos e atividades longamente. É tão lento, às vezes é hora de executar e o plano não está pronto, então ele tende a se atrasar ou fazer algumas coisas de última hora. Sua mesa é organizada de maneira prática para acessar facilmente o que precisa sem muita preocupação com a aparência.

Para ser pontual, ele precisa fazer um esforço sobre-humano. Nas reuniões das comissões, ele sempre chega sem fôlego, em cima da hora ou com cinco minutos de atraso. Mas na hora de discutir a agenda, ele é um verdadeiro diplomata, dando oportunidade a todos, ouvindo objeções sem ficar chateado e, se houver conflitos, consegue apaziguá-los com habilidade e tranquilidade, sem se envolver emocionalmente.

Pouco emotivo, ele parece desmotivado e demora a se empolgar com um projeto. Se tiver que escolher entre duas alternativas importantes, fica indeciso, preferindo que outros tomem a decisão e a iniciativa. Se tiver que decidir, prefere pedir um prazo ou deixar para o dia seguinte. Preocupado com o bom relacionamento, ele precisa se sentir em paz com todos, e faz de tudo para evitar o confronto direto com qualquer um, mesmo que tenha que fingir que está tudo bem. Ele se preocupa muito com a própria imagem e se avalia pelo grau de compatibilidade que consegue ter com os outros.

O Líder Melancólico

O líder melancólico é o mais idealista de todos: está sempre sonhando alto. Perfeccionista, ele está sempre preocupado em como melhorar as coisas. Organizado, ele gosta de tudo em seu lugar. Sua mesa tem um local dedicado para cada lápis, borracha ou clipe. Os papéis estão todos nas gavetas, organizados por assunto e classificados até o menor detalhe. Ao realizar reuniões, os participantes, ao entrarem, encontram a agenda pronta em cima do assento, juntamente com uma caneta e todo o material informativo, como orçamentos, cronogramas e relatórios. Leva tempo para tomar decisões, mas é leal a tudo o que é resolvido, dedicando-se de todo o coração aos projetos aprovados.

O melancólico é pessimista e acha improvável que as coisas deem certo. Isso o leva a ficar indeciso e confuso, sem saber o que fazer. Qualquer que seja a decisão tomada, ele lamenta que a decisão poderia ter sido melhor. Diante dos problemas, muitas vezes se perde em teorias, filosofar, e não consegue resolvê-los na prática. Sua mania de perfeição o leva a criticar tudo, tornando-se uma pessoa desagradável, antissocial e, portanto, com poucos amigos, embora muito dedicado a eles.

A principal preocupação dos líderes melancólicos é a credibilidade. Eles são muito sensíveis às críticas, e é por isso que querem evitá-las a todo custo. Eles gostam de coisas muito exatas, e avaliam seu desempenho pelo grau de perfeição que conseguem obter no que fazem. Seu maior medo é o constrangimento, que tenta evitar a todo custo.

O Líder Sanguíneo

Os líderes sanguíneos são os mais carismáticos de todos. Por serem muito comunicativos, é difícil vê-los calados. Nas reuniões de equipa, quase nunca param de falar e são sempre os primeiros a ter uma opinião. Alegres, estão sempre sorrindo e fazendo os outros sorrirem. Gostam de fazer piadas mesmo sobre assuntos sérios. Sempre animados, eles se entusiasmam com novas ideias à primeira vista e conquistam facilmente a simpatia e o apoio daqueles que lideram. Eles acreditam tanto em suas ideias que facilmente influenciam os outros. Sociáveis, estão sempre rodeados de amigos e gostam de conversar com os outros na hora de tomar decisões.

Embora tenham muitas virtudes, os líderes sanguíneos devem tomar cuidado com tendências negativas. O temperamento sanguíneo tende a ser muito instável. Enquanto eles se empolgam com uma ideia hoje, eles podem facilmente esquecê-la amanhã, correndo o risco de pular de galho em galho sem nunca se estabelecer em um projeto consistente. Na verdade, eles odeiam a rotina e não conseguem ficar muito tempo na mesma atividade.

Ao realizar reuniões, muitas vezes esquecem de preparar a agenda e acabam introduzindo temas na hora. Sua mesa é um amontoado de papéis misturados com livros, de tal forma que é impossível encontrar um documento em menos de uma hora. Além disso, sua empolgação os leva a assumir muitos compromissos que não conseguem cumprir e, portanto, ocasionalmente podem ser considerados irresponsáveis. Outra falha é a falta de coragem para enfrentar a oposição e os problemas difíceis. Quando são criticados, geralmente não assumem a responsabilidade, mas colocam a culpa nos outros. Em momentos de crise, tendem a se omitir e fugir do problema.

Líderes sanguíneos gostam de ser admirados em tudo e estão sempre preocupados com seu status e popularidade. Eles geralmente medem o desempenho pessoal pela quantidade de aplausos e elogios que recebem. Seu maior medo é a perda de prestígio, tão precioso para eles.

Temperamentos dos Líderes da Bíblia

Entre os personagens da Bíblia, podemos observar os mais variados tipos de temperamento ao analisar como o comportamento e as atividades desses líderes apresentam semelhança com um ou outro temperamento. No Novo Testamento, podemos comparar o tipo de personalidade dos apóstolos, por exemplo, e ver como alguns deles se identificam com padrões de comportamento de um dos temperamentos dominantes.

O Líder Paulo

Talvez o exemplo mais característico de um líder bíblico colérico seja o apóstolo Paulo. Prático, decidido e independente, Paulo não esperava que ninguém lhe dissesse o que fazer. Sua capacidade de decidir e agir em busca de resultados fez dele um gigante nas mãos de Deus, capaz de fundar inúmeras igrejas e espalhar o cristianismo pelo mundo conhecido da época. Deus foi buscar Paulo, o colérico, fora da igreja cristã em uma época em que Deus precisava de alguém focado em resultados para expandir rapidamente o cristianismo em todo o mundo. A rapidez de Paulo em tomar decisões aparece no exato momento de sua conversão. Paulo começou sua jornada para Damasco perseguindo a igreja e, depois de um encontro no meio do caminho com Cristo, terminou a mesma jornada como apóstolo. Ao ouvir a voz de Cristo, observe que Paulo não pediu um argumento doutrinário ou uma explicação teológica. Pelo contrário, sua pergunta imediata mostra preocupação com a ação e o dever: "Senhor, que queres que eu faça?" Quando Cristo respondeu, Paulo não pediu tempo para pensar. Ali mesmo, ele se levantou com a decisão tomada e entrou em ação.

Típico desse temperamento, Paulo era às vezes muito combativo, o que o levou a ser inflexível com Pedro, considerando-o "repreensível" (Gálatas 2:11). Ele também foi inflexível com Barnabé e Marcos, a ponto de se desentender e se separar na segunda viagem missionária (Atos 15:37-40). Paulo tinha dificuldade em tolerar o meio-termo, e como Marcos já havia renunciado ao ministério, Paulo o considerava indigno para o ministério. Em outras palavras, para Paulo era tudo ou nada, muito típico do colérico.

Muito ativo, Paulo não sabia ficar parado, nem mesmo na prisão. Normalmente, um colérico não consegue ficar parado por muito tempo para escrever, por exemplo. Mas foi justamente na inatividade da prisão de Roma, uma tortura para alguém como Paulo, que ele canalizou toda a sua energia para a escrita, aproveitando o tempo passado na prisão. Quando decidiu escrever, a capacidade de produção de Paulo levou-o a escrever o maior número de epístolas no Novo Testamento.

Os escritos de Paulo são típicos de um colérico. Várias de suas epístolas demonstram o estilo polêmico de um líder combativo. A epístola aos romanos, por exemplo, é uma polêmica sobre fé e obras. A primeira epístola aos Coríntios inclui uma extensa seção polêmica sobre deveres cristãos e conduta relacionada ao casamento, pureza moral e comportamento na igreja. Gálatas, por outro lado, é uma polêmica do início ao fim sobre a lei e a graça, e assim por diante. As outras epístolas revelam o cuidado pastoral e a orientação típicos de um pastor ativo e prático, que também sabia ser afetuoso e paternal com suas ovelhas. No contexto da missão, quando líderes coléricos se colocam nas mãos de Deus, não há limites para sua capacidade de produzir resultados e abençoar liderados de diferentes mentalidades.

O Líder Lucas

Um exemplo típico do líder fleumático é Lucas, autor do Evangelho de Lucas e do livro de Atos dos Apóstolos. Ele é o típico escritor metódico que segue uma abordagem prática e sequência lógica. Na introdução de seu evangelho, ele explica claramente a Teófilo, seu líder e destinatário, o propósito e o método que usou, fazendo questão de afirmar que realizou uma pesquisa metódica e uma investigação precisa para apresentar uma narrativa clara e uma exposição ordenada dos fatos sobre a vida de Jesus (Lucas 1:3).

Como o próprio Lucas informa, sua preocupação está focada nos "fatos que aconteceram entre nós" (Lucas 1.1), isto é, nos eventos concretos e práticos do ministério de Cristo. De fato, com uma abordagem extremamente prática, Lucas é o evangelho do povo, dos oprimidos, dos pobres e dos desprezados pela sociedade. Ele estava preocupado com a realidade prática daqueles marginalizados pela elite judaica: gentios, publicanos, mulheres, pastores e os pobres em geral. Mais interessado nos temas práticos da vida cristã e nas pessoas mais simples, Lucas é o único escritor que menciona em seu evangelho a visita dos pastores, a conversão de Zaqueu, o contraste entre o fariseu e o publicano, a ingratidão dos nove leprosos, a restauração do filho pródigo e a caridade do bom samaritano em seu evangelho.

Além disso, Lucas faz questão de apresentar uma sequência lógica e definida. Por isso, seu relato segue uma ordem cronológica, começando pelos pobres da Galileia, no Norte, onde Jesus foi aceito, até chegar à elite em Jerusalém, no Sul, onde foi rejeitado. Na sequência, Lucas não se esquece de mencionar a região de Samaria, bem no meio, entre a Galileia e a Judeia. Na verdade, Lucas é o único dos evangelhos em que o ministério de Cristo é relatado nesta região discriminada pelos judeus.

Lucas começa seu evangelho com os fatos anteriores ao nascimento de Cristo - incluindo a predição e o nascimento de João Batista - e continua toda a sequência até a ascensão do Salvador. Mas sentindo que a sequência ainda não está completa, Lucas escreve outro "tratado" a Teófilo, a saber, o livro dos Atos dos Apóstolos. No início, ele faz questão de informar que Atos é a continuação do primeiro tratado, um relato dos fatos após a ascensão (Atos 1.1-2). Isso demonstra ainda mais sua preocupação com a sequência dos acontecimentos.

No livro de Atos, Lucas mais uma vez organiza o relato em ordem cronológica, começando com a recapitulação da ascensão, para estabelecer a sequência. Ele então narra o ministério dos apóstolos, primeiro em Jerusalém, depois na Palestina e na Síria, com a pregação de Filipe, Pedro e João, após a primeira perseguição à igreja. A história continua relatando a propagação do evangelho aos gentios nas três viagens missionárias de Paulo. Em uma sequência clara, ele apresenta como resultado dessas viagens a fundação de várias igrejas. Finalmente, Lucas conclui com a prisão de Paulo em Roma no final de seu ministério.

Lucas é o típico líder fleumático. Observe que ele sempre trabalhou no anonimato, nem mesmo sendo mencionado nos livros que escreveu. Em nenhum momento ele é descrito pregando um sermão para grandes multidões, fazendo apelos ou batizando milhares. Em todo o Novo Testamento, Lucas é mencionado apenas três vezes, nas quais ele aparece cumprimentando as igrejas em companhia do apóstolo Paulo (Cl. 4:14; 2 Tm. 4:11; Fl. 24). No entanto, sua ação é planejada e continuada, tendo sido o único a apresentar à igreja uma história detalhada da origem e desenvolvimento da igreja cristã primitiva. Sem ele, nada saberíamos sobre o surgimento das várias igrejas na Ásia Menor e muito pouco sobre as viagens missionárias dos apóstolos.

Com seu temperamento metódico, líderes fleumáticos e focados na missão podem fazer uma contribuição silenciosa, mas inestimável, para a causa de Deus.

O Líder João

O temperamento melancólico tem características muito específicas que podem ser vistas na vida do apóstolo João. Seu estilo intelectual aparece claramente em seus escritos. Seu evangelho é totalmente diferente dos outros três, considerados semelhantes e, por isso, chamados sinóticos, que significa "vistos juntos". Mateus, Marcos e Lucas concentram seus relatos em fatos e eventos concretos no ministério de Cristo, como seus milagres, parábolas e ensinamentos. O apóstolo João, por outro lado, vivia no mundo das ideias, do pensamento abstrato. Embora ele apresente vários eventos do ministério de Cristo, ele está mais preocupado com o significado teológico por trás desses eventos.

A diferença aparece desde o início. Enquanto os outros evangelhos começam relatando os incidentes relacionados ao nascimento de Cristo, João não está tão preocupado com os fatos e nem menciona o evento de nascimento em si. Pelo contrário, ele já começa seu livro com uma dissertação teológica sobre a encarnação do Verbo divino. Enquanto outros descrevem cenas de Jesus nascendo de uma virgem, como um bebê em uma manjedoura, João discute o significado do Verbo que se fez carne para habitar entre nós e salvar a humanidade. Isso é típico de um intelectual de pensamento abstrato.

Da mesma forma, insiste em relatar a teologia do novo nascimento no diálogo com Nicodemos; a preexistência de Cristo no debate com os fariseus; a teologia da ressurreição final na ressurreição de Lázaro; a teologia do Espírito Santo como consolador; e assim por diante.

Quando Deus precisou comunicar a revelação do Apocalipse, Ele escolheu João, um líder melancólico que certamente acharia fácil expor os grandes temas proféticos e descrever minuciosamente os detalhes das visões proféticas que revelam a trajetória da igreja na profecia. Mesmo em suas epístolas pastorais, João mistura a sensibilidade pastoral de seus conselhos com conceitos teológicos como: Palavra de vida; amar de fato e de verdade; o Advogado para com o Pai; o novo mandamento; e assim por diante. É assim que João dilui a teologia em conselhos práticos para alcançar todos os estilos de liderados. No contexto da missão, o líder melancólico aplica conceitos teóricos e temas intelectuais na forma de conselhos práticos para ajudar diferentes estilos de liderados.

O Líder Pedro

Um líder na Bíblia que retrata quase perfeitamente o temperamento sanguíneo é chamado de apóstolo Pedro. Sua personalidade impulsiva e instável muitas vezes o fazia oscilar de um polo para o outro, por exemplo, negando Cristo três vezes na mesma noite em que afirmava estar disposto a morrer por Ele, ou andando fervorosamente sobre a água minutos antes de afundar nas profundezas do Mar da Galileia, por causa da dúvida e da falta de fé.

No ministério, o apóstolo Pedro era o típico líder sanguíneo. Impulsivo em sua vida pessoal, foi também o primeiro a falar quando percebeu uma oportunidade de evangelização, como no caso do dia de Pentecostes, quando a multidão se dividiu entre a admiração e a crítica diante do fenômeno do dom de línguas (Atos 2.14). Carismático e eloquente, conseguiu atrair multidões e mantê-las eletrizadas em seus sermões, como neste caso do dia de Pentecostes. Ele também não teve dificuldade em atrair seus liderados. Seus comoventes apelos convidaram a multidão diretamente ao batismo (Atos 2:38), sendo capaz em um apelo de levar três mil pessoas ao batismo sob o poder do Espírito Santo (Atos 2:41).

Sempre disposto a atender a necessidade presente e seguir o impulso do momento, Pedro não tinha muita paciência para sentar e escrever longas cartas ou mensagens teológicas, até porque o raciocínio intelectual não era seu lado mais forte. Mesmo assim, sua preocupação pastoral o levou a escrever duas epístolas que refletem bem seu temperamento. Primeiro, ele não podia gastar tempo escrevendo uma carta para cada igreja, como Paulo e outros autores fizeram. Por isso, escreveu uma carta circular a todos de uma só vez, como ele mesmo indica na introdução: "Pedro, apóstolo de Jesus Cristo, aos peregrinos da Dispersão no Ponto, Galácia, Capadócia, Ásia e Bitínia" (1Pedro

1:1). Em outras palavras, em uma sessão ele escreveu para meio mundo.

A segunda epístola seguiu exatamente o mesmo padrão e também foi produzida como uma carta circular "aos que conosco alcançaram fé", ou seja, foi dirigida a todos que aceitaram a mensagem de sua pregação. Alguns comentaristas acreditam que a audiência da segunda epístola é exatamente a mesma da primeira, pois Pedro se dirige aos seus leitores afirmando que estava escrevendo para eles pela segunda vez (2 Pedro 3:1).

Como são cartas circulares, o conteúdo logicamente não poderia ser muito específico. Portanto, suas cartas não têm um único tema central. Trata-se de um conjunto de conselhos pastorais, o que é bastante típico desse temperamento, que busca atender à necessidade percebida sem se preocupar muito com a elaboração de uma estrutura temática centralizada. Portanto, seu conselho abrange: fé, comportamento cristão, cidadania exemplar, lealdade, e preparação para a volta de Cristo. Ou seja, são temas gerais que se aplicam a todos os leitores ao mesmo tempo.

Finalmente, a curta duração das epístolas também mostra que Pedro foi mais produtivo em outras áreas de atividade do que na área intelectual ou editorial, já que a primeira epístola contém apenas cinco capítulos e a segunda apenas três capítulos. Como um sanguíneo animado e falante, Pedro era um líder de grandes audiências e mensagens comoventes, e não necessariamente um escritor de muitos livros. Em outras palavras, os líderes sanguíneos podem cumprir a missão poderosamente com seu poder de comunicação e persuasão, assim como Pedro fez por meio de suas pregações e epístolas.

Em suma, esses quatro temperamentos são apenas uma tentativa de visualizar como a maioria dos líderes se comporta. Na realidade, cada pessoa é um universo complexo, e esses quatro temperamentos básicos poderiam ser subdivididos em inúmeras outras categorias. No entanto, essa síntese de temperamentos nos ajuda a entender melhor o comportamento de líderes e liderados, para mostrar a importância do autoconhecimento no cumprimento da missão.

Reflexão: Autoconhecimento

Como você avalia os seus pontos fortes e fracos como líder nesse momento? Numa escala de 1 a 5, auto-analise seu desempenho nas seguintes áreas:

Integridade: 1 2 3 4 5

Comunicação: 1 2 3 4 5

Trabalho em equipe: 1 2 3 4 5

Delegação de responsabilidade: 1 2 3 4 5

Desenvolvimento de outros: 1 2 3 4 5

Confiança mútua: 1 2 3 4 5

Mudança: 1 2 3 4 5

Inovação: 1 2 3 4 5

Adaptação a novas situações: 1 2 3 4 5

Tecnologia: 1 2 3 4 5

Parcerias: 1 2 3 4 5

Interação social: 1 2 3 4 5

Globalização: 1 2 3 4 5

Conhecendo sua Liderança

Uma vez que você conhece sua personalidade, então você tem o contexto para se conhecer como líder e explorar seu próprio potencial de liderança. Essa não é uma tarefa fácil e exige muita reflexão e determinação para fazer uma análise honesta e encarar a realidade como ela é. Em outras palavras, implica uma busca dentro de si mesmo, para que você tenha consciência do que pretende como líder. Em outras palavras:

Descobrir o líder em você não é para os fracos de coração. Isso requer uma introspecção profunda sobre o que é importante em sua vida, o que você gostaria de deixar como legado e se você está disposto a realmente buscar e agir de acordo com o feedback dos outros. [75]

Para se conhecer como líder, é preciso sempre avaliar como você se vê no momento atual e qual contribuição pretende dar ao longo da vida. As reflexões abaixo irão ajudá-lo a explorar seu próprio conhecimento.

Reflexão: Minha Liderança

Numa escla de 1 a 5 (mínimo = 1 e máximo = 5) avalie até que ponto os seguintes fatores estão afetando a sua vida no presente

Sinto-me sobrecarregado com muita responsabilidade: 1 2 3 4 5

Sinto-me parado com pouca chance de progresso em minha posição atual: 1 2 3 4 5

Estou desanimado em minha liderança: 1 2 3 4 5

Sinto-me perdido e inseguro com o excesso de responsabilidade: 1 2 3 4 5

Estou negando os desafios e ignorando as mudanças que estão me afetando: 1 2 3 4 5

Estou chateado por ter que sair do meu trabalho atual: 1 2 3 4 5

Sinto-me infeliz porque meu trabalho não está conectado com meus valores: 1 2 3 4 5

Sinto a pressão financeira para buscar outro trabalho que não é necessariamente na minha área: 1 2 3 4 5

Sinto-me desvalorizado porque acho que posso assumir mais responsabilidade do que meus líderes me dão: 1 2 3 4 5

Estou preocupado em como assumir mais responsabilidade além da demandas da minha vida profissional e pessoal: 1 2 3 4 5

Estou animado porque acabei de assumir minha primeira função de liderança, mas não sei como melhor organizar e motivar minha equipe: 1 2 3 4 5

Estou tenso porque vou assumir uma alta posição de liderança e não sei o que fazer primeiro: 1 2 3 4 5

Analise suas respostas e a tendência das notas altas e baixas e resuma como você se vê como líder nesse momento.

4

Liderança, Visão e Missão

O Poder da Visão

A visão dos líderes determina o alcance de sua liderança. Nossa visão nos expande para ampliar nossas realizações, o que significa que nunca vamos além de nossa própria visão! Portanto, nossa visão é o limite de nossa liderança. Algumas citações podem nos ajudar a refletir sobre o poder da visão:

"A visão é a arte de ver o invisível." – Jonathan Swift

"Diga-me a sua visão, e eu lhe direi o seu futuro!" – Anônimo

"A única coisa pior do que ser cego é ter olhos e não ter visão" – Ellen Keller

"Sonho é a visão criativa da sua vida no futuro." – Denis Waitley

"Um líder tem a visão e a convicção de que um sonho pode ser alcançado e, em seguida, inspira o poder e a energia para realizá-lo." — Ralph Lauren

"O futuro pertence àqueles que veem as possibilidades antes que elas se tornem óbvias." — John Scully

"Reflexão é olhar para dentro para que você possa olhar para fora em uma perspectiva maior, mais ampla e mais precisa." — Mick Ukleja e Robert Lorber

"Liderança é a capacidade de transformar a visão em realidade." —

Warren Bennis

"O maior perigo não é ter um sonho tão alto que não possa ser alcançado, mas ter um tão baixo que já o alcançamos." — Michelangelo

"Para ser realista, você deve acreditar em milagres." — David Ben-Gurion

A Visão dos Doze Espias

Doze líderes das tribos de Israel foram enviados por Moisés para espiar a terra de Canaã e fazer um relatório estratégico sobre os desafios e oportunidades da terra prometida. Os doze passaram os mesmos quarenta dias na inspeção. Os doze viajaram as mesmas centenas de quilômetros juntos. Os doze atravessaram as mesmas regiões, escalaram as mesmas montanhas e atravessaram os mesmos vales. Os doze visitaram as mesmas cidades e contemplaram os mesmos edifícios e as mesmas muralhas. Os doze colheram os mesmos frutos. Os doze viram o mesmo povo que habitava as cidades e o campo. Os doze analisaram as mesmas vantagens e desvantagens da terra.

A mesma delegação, a mesma viagem, o mesmo itinerário, o mesmo plano, a mesma missão. Qual o resultado? Dois relatórios opostos:

Então Calebe fez o povo calar-se perante Moisés e disse: "Subamos e tomemos posse da terra. É certo que venceremos! Disseram, porém, os homens que subiram com ele: Não poderemos subir contra aquele povo, porque é mais forte do que nos. Assim, perante os filhos de Israel infamaram a terra que haviam espiado, dizendo: A terra, pela qual passamos para espiá-la, é terra que devora os seus habitantes; e todo o povo que vimos nela são homens de grande estatura. Também vimos ali os nefilins, isto é, os filhos de Anaque, que são descendentes dos nefilins; éramos aos nossos olhos como gafanhotos; e assim também éramos aos seus olhos. (Números 13:30-33).

O que determinou a diferença entre os dois relatórios? A visão determinou a diferença. Tudo era igual, mas visão era diferente. Os dois grupos visitaram a mesma terra, mas viram terras diferentes. Para entender melhor a diferença entre os dois relatos, precisamos conhecer os princípios bíblicos que determinam a relação entre visão e missão.

Na mentalidade bíblica, missão e visão estão intimamente relacionadas. Vejamos esses princípios.

Princípios Bíblicos de Visão e Missão

1. **A visão do líder é proporcional à sua visão de si mesmo** – Dez espiões se viam como gafanhotos, com a visão da impotência para conquistar a terra. Em suma, sua visão era: "Não somos capazes de enfrentar o povo, pois eles são mais fortes do que nós". Dois espiões, no entanto, Josué e Calebe, viam-se como capazes e, consequentemente, sua visão era gigantesca: "Então Calebe fez o povo calar-se perante Moisés e disse: Subamos e tomemos posse da terra. É certo que venceremos!" Em outras palavras, sua visão de liderança é um reflexo de sua própria visão!

2. **A visão do líder é proporcional à sua fé** – Ao contrário de Josué e Calebe, dez espiões tinham uma visão limitada de Deus e não tinham fé nas promessas e orientações de Deus. Eles não viam o poder de Deus nem os milagres que Deus havia feito entre eles e, portanto, sua falta de visão era o resultado de uma falta de confiança em Deus. É por isso que Deus perguntou a Moisés: "Disse então o Senhor a Moisés: Até quando me desprezará este povo e até quando não crerá em mim, apesar de todos os sinais que tenho feito no meio dele?" (14:11). Em outras palavras, a visão será sempre proporcional à fé.

3. **A visão do líder determina coragem diante dos desafios** – O medo dos dez espiões diante dos habitantes da terra era resultado de uma visão distorcida e parcial, na qual eles viam apenas os gigantes inimigos, e não o Deus gigante que estava ao lado deles. Essa visão gerou a mentalidade do medo: "A terra que exploramos devora aqueles que nela vivem. Todas as pessoas que vimos ali são de grande porte" (13:32). Por outro lado, veja como a visão de Josué e Calebe gerou a mentalidade de coragem: "Não tenham medo do povo da terra, porque nós os devoraremos. Sua proteção se foi, mas o Senhor está conosco. Não tenhais medo deles" (14:9). Ou seja, a mentalidade de quem devora quem depende da visão de cada um.

4. **A visão do líder determina sua missão** – A visão temerosa dos dez espias determinou sua missão de vida: "Devemos escolher um líder e voltar para o Egito" (14:4). Ou seja, uma visão de medo gerou uma mentalidade estreita dos escravos, que determinou a missão de retornar à escravidão. Enquanto Josué e Calebe propunham a missão de

avançar para conquistar a terra prometida e a vida em liberdade, a visão dos dez espias determinava uma missão oposta. Em outras palavras, a visão de gafanhotos gerou a mentalidade do medo, que determinou a missão da escravidão.

Com uma visão corajosa, William Carey foi o líder que abriu o mundo para os missionários e foi considerado o pai das missões modernas por ter fundado a primeira Sociedade Missionária Mundial em 1792, na Inglaterra. Sendo um estudioso de línguas e literatura estrangeiras, Carey veio a ser um dos homens mais eruditos do mundo em sânscrito e outras línguas orientais. Traduziu do chinês alguns escritos de Confúcio e outras obras da literatura oriental. Mas seu trabalho de vida mais importante foi a tradução e impressão da Bíblia, no todo ou em parte, em quarenta línguas e dialetos da Índia, China e Ásia Central. Sua liderança foi fundamental para espalhar a Bíblia e influenciar muitos outros missionários para o campo mundial!

Outro líder com uma visão gigante foi David Livingstone, um missionário médico escocês e abolicionista que ajudou a combater o tráfico de escravos na África. Em seu trabalho evangelístico, ele passou a maior parte de sua vida como explorador e médico, usando sua compreensão da natureza e da ciência para mapear grande parte da África Central. Viajando por muitas cidades e aldeias, ele ajudou a estabelecer o cristianismo em todo o continente africano. Por suas descobertas geográficas, Livingstone foi premiado com a Medalha de Ouro da Royal Geographical Society. Mas mais do que a geografia, sua liderança em nome do povo africano contribuiu para a expansão do cristianismo e para que o mundo restaurasse a dignidade de um continente, iniciando uma consciência internacional que promoveria a libertação da África do tráfico de escravos. Seu trabalho ajudou a capacitar muitos missionários que viriam depois dele.

Visão ao Longo da História

1. Oito anos antes de a Apollo 11 pousar na Lua, em 1969, o presidente John Kennedy fez o famoso discurso em 1961: "Escolhemos ir à Lua nesta década e fazer outras coisas, não porque sejam fáceis, mas porque são difíceis!"

2. Muito antes de ser eleito Presidente dos Estados Unidos, Ronald Reagan já falava da derrubada do Muro de Berlim e do fim da Guerra Fria. Ao se tornar presidente, ele priorizou as negociações de

desarmamento com Mikhail Gorbachev até que sua visão se tornasse realidade.

3. Quarenta e cinco anos antes de Barack Obama se tornar o primeiro presidente negro dos Estados Unidos, Martin Luther King sonhava com o direito ao voto dos negros e sua participação na política americana.

4. Eleanor Roosevelt sonhou e lutou pelos direitos das minorias oprimidas antes de ser escolhida na ONU para liderar a preparação da Declaração Universal dos Direitos Humanos.

5. Abraham Lincoln viu e sonhou com a libertação dos escravos antes de ser presidente dos Estados Unidos.

6. Winston Churchill viu a vitória dos Aliados na Segunda Guerra Mundial quando tudo indicava o contrário.

7. Gorbachev viu a democratização da União Soviética após quase um século de comunismo.

8. Nelson Mandela viu o fim do Apartheid, mesmo tendo passado três décadas na prisão. E se tornou o primeiro presidente negro da África do Sul.

A Visão dos Líderes da Bíblia

1. Noé viu uma arca 120 anos antes do dilúvio (Hebreus 11:7)

2. Abraão: Antes de partir sem destino, viu que seria uma grande nação (Gênesis 15:5; Hebreus 11:10)

3. Moisés: Enfrentou a ameaça do Faraó porque viu o Invisível (Hebreus 11:27).

4. Josué e Calebe se viam derrotando gigantes quando todos se viam como gafanhotos (Nm 13:30 e 33).

5. Neemias era escravo e prisioneiro, mas sonhava em reconstruir Jerusalém antes que houvesse um decreto real (Neemias 1:11)

6. Ester: Mulher estrangeira, discriminada pela sociedade, sem voz ativa, sonhava com a liberdade de seu povo antes de se tornar rainha, e avançou nessa direção mesmo contra o decreto real. (Ester 4:15-16).

7. Paulo: Evangelizou toda a costa mediterrânea porque sonhava chegar à Espanha, o limite do mundo conhecido de então (Roomanos

15:23-24).

Como Transformar a Visão em Realidade

Um cuidador do hospital entrou no centro cirúrgico para limpeza e esterilização de rotina após uma longa e delicada cirurgia cardíaca. Um acadêmico que estava entrevistando os médicos se aproximou do zelador e perguntou qual era o seu papel no hospital, ao que o zelador respondeu: "Eu e os médicos ajudamos a salvar vidas!" O zelador tinha uma visão superior que inspirava seu trabalho.

Em princípio, toda declaração de visão deve representar os valores intrínsecos do líder e da organização. Os valores devem estar em sintonia com a cultura local e com foco nas pessoas e na missão da organização. Aqui estão alguns exemplos de valores na declaração de visão:

Exemplos de Visão Corporativa:

- Disney – Fazendo as pessoas felizes.

- Oxfam – Um mundo justo e sem pobreza.

- Ikea – Tornar o dia a dia melhor para muitas pessoas.

- Associação Alzheimer – Nossa visão é um mundo sem Alzheimer.

- Universidade de Stanford – Tornar-se a Harvard do Oeste Americano.

- Uma organização de fertilizantes – Tornar o mundo mais verde.

- Fertilizante TRUGREEN – Inspirando o mundo a viver a vida lá fora.

Uma palavra sobre a diferença entre visão e missão. Alguns autores fazem uma distinção muito clara, outros nem tanto. Na prática, a visão foca no projeto e sonho do futuro, enquanto a missão foca no comprometimento da organização no presente. Ambos os conceitos podem ser expressos de forma semelhante, mas a visão olha para o futuro, e a missão se concentra no presente.

A história da humanidade está cheia de pessoas que viveram seus sonhos ou que fracassaram em seus sonhos. A diferença está na forma como lidamos com os nossos sonhos! Ou, nas palavras de Warren Bennis, "Liderança é a capacidade de transformar a visão em realidade."

Em um sentido mais amplo, viver é visualizar. Quando mudamos a nossa visão, mudamos a nossa vida, porque somos a nossa visão. O que visualizamos internamente é o que fazemos externamente. Ou como alguém disse: "Somos limitados, não por nossas habilidades, mas por nossa visão." De fato, em liderança, "visão é a arte de ver o que é invisível para os outros" (Jonathan Swift).

Em resumo, existem cinco atitudes que ajudam a desenvolver a visão e transformá-la em realidade:

1. Reflita sobre o passado – Aprenda com os sucessos, fracassos e oportunidades perdidas do passado e busque construir sobre o novo sonho e uma nova visão para o futuro.

2. Sonhe com o futuro – Pinte uma imagem clara do que você quer alcançar e descreva seu futuro como uma realidade a ser alcançada. Um exemplo clássico da história é o famoso discurso "I have a dream" de Martin Luther King, que organizou a chamada archa de Washington pela Liberdade. Eis um trecho do discurso:

"Eu tenho um sonho de que um dia meus quatro filhos viverão em uma nação onde não serão julgados pela cor de sua pele, mas pelo conteúdo de seu caráter!"

3. Visualize a excelência – Visão é a busca por novas possibilidades, e um desejo ardente de tornar o futuro melhor que o passado, em busca da excelência.

4. Comunique positivamente – Aprenda a comunicar sua visão em linguagem clara e contagiante para inspirar outras pessoas. E uma forma positiva de divulgar é desafiar a equipe a conquistar um novo sonho.

5. Tenha a coragem de arriscar: "O risco do fracasso é o preço do sucesso." Depois de todas as medidas tomadas, é hora de correr o risco. O sucesso é uma escada, em que cada passo alcançado aproxima do próximo passo.

Reflexão: Visão

Resuma em uma frase o seu sonho e sua visão nas

---

seguites áreas:

Qual o grande sonho de sua vida como pessoa e como líder?

Como você se vê daqui a dez anos?

Qual o seu sonho familiar para daqui a cinco anos?

Qual o seu projeto pessoal para este ano?

Qual o seu projeto espiritual para este ano?

5

Liderança, Missão e Compaixão

A parábola do Bom Samaritano ilustra a diferença que a compaixão faz na prática da liderança. Na parábola, Jesus dá um significado poderoso a cada personagem. Jesus usou a metodologia do contraste. Há um contraste quase exagerado entre os personagens. A vítima da história é apenas um doente desconhecido, sem quaisquer qualificações que o distingam. Os vilões da história são duas autoridades religiosas, que tinham o poder de liderar a religião no país, mas que são descritas como a grande decepção da história. O herói da história é um samaritano, um homem humilde, considerado meio pagão, amaldiçoado por Deus e marginalizado pelos judeus, mas cheio de compaixão. Ele é a grande surpresa da parábola! Ao contrastar o sacerdote com o samaritano, Jesus quis ensinar um novo paradigma: que a compaixão e o amor são as qualidades supremas da liderança! Em outras palavras, o que tornou o Bom Samaritano na parábola diferente foi a compaixão que ele sentia pelo homem deixado meio morto à beira da estrada. Veja o foco de Jesus na compaixão:

> Casualmente, descia pelo mesmo caminho certo sacerdote; e vendo-o, passou de largo. De igual modo também um levita chegou àquele

lugar, viu-o, e passou de largo. Mas um samaritano, que ia de viagem, chegou perto dele e, vendo-o, encheu-se de compaixão; e aproximando-se, atou-lhe as feridas, deitando nelas azeite e vinho; e pondo-o sobre a sua cavalgadura, levou-o para uma estalagem e cuidou dele. (Lucas 10:31-34).

Nessa parábola, Jesus fez um contraste muito claro entre os papéis do poder e da compaixão na liderança. Da perspectiva de Jesus, somente a compaixão pode fazer mudanças reais na vida das pessoas. Seu ponto era que a liderança da compaixão é extremamente superior à liderança do poder. Em outras palavras, o poder real da compaixão é muito superior à noção tradicional de poder e autoridade. Tanto o sacerdote quanto o levita tinham o poder de suas posições, mas não tinham compaixão e, portanto, nenhuma liderança. A lição de Jesus é clara: sem compaixão, não há liderança!

O Paradigma de Amor e Compaixão de Jesus

"Amai-vos uns aos outros" é a filosofia central do ensinamento e da vida de Jesus. As histórias de amor são famosas na literatura desde tempos imemoriais. Tanto na mitologia quanto na história antiga das nações e impérios, histórias de amor ardente foram reproduzidas por escritores e dramaturgos como Shakespeare e outros. No entanto, nunca na história um filósofo e professor falou tão abertamente sobre o poder do amor como Jesus repetidamente fez, estabelecendo o amor como a base de toda a filosofia cristã. E mais do que isso, pela primeira vez na história da humanidade, Jesus elevou o conceito de amor a um nível mais elevado com a chocante proposição "Amai os vossos inimigos", formando assim a base de um novo paradigma de vida e de liderança.

Em contraste com o conceito popular de liderança como poder, Jesus estabelece o paradigma inesperado da liderança como amor e compaixão. De fato, o conceito de compaixão é uma marca sempre presente nos ensinamentos e na liderança de Jesus. Muitas das parábolas de Jesus destacam o paradigma da compaixão como um novo modelo de liderança. Um exemplo notável é a parábola do filho pródigo, na qual o pai perdoa e aceita o filho que retornou e que desperdiçou toda a sua herança da família.

O que tornou o pai amoroso na parábola diferente foi o excesso de compaixão que sentia por seu filho pródigo (Lucas 15:20). "O que tornou Jesus diferente foi a compaixão irrestrita que sentia pelos pobres e oprimidos." [76] A maioria das parábolas e ensinamentos de Jesus é permeada pelo tema da compaixão e do amor ao próximo como uma atitude que distingue a liderança compassiva da liderança comum.

Princípios Bíblicos de Compaixão

1. **A compaixão é a essência da missão** – Compaixão e amor são duas faces da mesma moeda. Não há compaixão sem amor, assim como não há amor sem compaixão. Este é um conceito profundo. O Bom Samaritano cumpriu a missão de ajudar o judeu ferido, não por um sentimento de dever religioso ou obrigação para com a missão. Não porque ele tivesse feito um voto de cumprir a missão. Não porque ele estivesse em uma posição que exigia que a missão fosse cumprida. O Bom Samaritano cumpriu sua missão porque sentiu compaixão pelo homem ferido, e essa compaixão é um princípio de amor que existia dentro dele. A missão vem de um princípio interior, não de um dever externo. Jesus cumpriu a missão de salvar a humanidade não por um dever ou promessa, mas por um desejo interior chamado compaixão pelos seres humanos e amor pelos perdidos. Nesse contexto, não há missão sem compaixão, assim como não há compaixão sem missão. É por isso que, no contexto bíblico, a compaixão é a essência da missão!

2. **A Compaixão exclui o preconceito** – A compaixão do samaritano não se limitava a nenhum contexto religioso, geográfico, racial, político ou social. O samaritano não perguntou a religião do ferido ou seu status social. Pelo contrário, o samaritano ignorou todas as barreiras do preconceito humano para cumprir a missão de ajudar um ferido desconhecido que estava em necessidade. O samaritano seguiu apenas o critério da necessidade do acidentado, não o critério da qualificação do acidentado. Em outras palavras, compaixão e missão não estão ligadas ao preconceito, mas são regidas apenas pelo critério do amor e da necessidade humana de salvação.

Poder Versus Amor

O mercado está cheio de livros sobre habilidades de liderança. Milhares de cursos de treinamento organizacional oferecem dicas sobre como maximizar o poder da equipe, como motivar os membros da equipe, como aumentar o moral da equipe e como alcançar o máximo de produtividade, vendas ou potencial de lucro. Nenhuma dessas habilidades, no entanto, jamais substituirá ou superará um segredo simples e essencial: liderança envolve compaixão e amor! Kouzes e Posner explicam esse conceito com as seguintes palavras: "É difícil imaginar que os líderes possam acordar todos os dias e trabalhar as longas horas necessárias para realizar coisas extraordinárias sem se envolver de coração... Liderança é um problema do coração, não da cabeça." [77]

Talvez a razão pela qual o tema da liderança ideal é tão falado e tão pouco vivenciado é porque só o tratamos no nível da cabeça, como uma disciplina a ser aprendida e não uma experiência a ser vivida com o coração. É hora de levar a liderança do cérebro para o coração. Margareth Wheatley, autora do livro *Leadership and the New Science*, descreve esse fenômeno como uma nova descoberta do mundo, onde a organização começa a se libertar dos padrões tradicionais e mecanicistas de controle e dominância para desenvolver uma visão mais focada no potencial das relações como fator de sucesso e crescimento. Em suas palavras, as organizações precisam enxergar essa nova realidade inegável:

> Estamos voltando a nos concentrar em nosso profundo anseio de comunhão, de significado, de dignidade, de propósito e de amor na vida organizacional. Estamos começando a considerar as fortes emoções que são parte da condição humana, em vez de nos segmentarmos ao acreditar que o amor não faz parte do trabalho ou que os sentimentos são irrelevantes no âmbito da organização. Há muitas tentativas de deixar de lado a concepção que predominou no século XX, quando acreditávamos que as organizações poderiam ter sucesso confinando os trabalhadores em papéis rigidamente definidos e pedindo-lhes apenas contribuições muito parciais. À medida que deixamos para trás o modelo mecanicista das organizações e a ideia de trabalhadores como engrenagens substituíveis do maquinário de produção, começamos a ver a nós mesmos em dimensões muito mais ricas, a apreciar a totalidade que somos e, quem sabe, a planejar organizações que honrem e façam uso dessa grande dádiva que é aquilo que, na qualidade de seres humanos, todos nós somos.[78]

Certamente esse é um conceito revolucionário, especialmente em nossa sociedade ocidental, treinada para separar o profissional do pessoal, a emoção da razão, o lazer do trabalho e as amizades dos negócios. Mas seria possível separar as pessoas de seus sentimentos? É hora de mudar o paradigma em busca de uma vida mais holística e focada na missão pelo amor!

Amor versus Poder

O amor é superior ao poder

O poder consegue a submissão dos outros. O amor consegue a transformação. O líder que trabalha pela submissão de outros exerce um nível inferior de liderança, enquanto o que trabalha pela transformação está em nível infinitamente superior. A submissão é passageira, a transformação é permanente.

O amor é vence o poder

Os líderes religiosos da Idade Média possuíam toda a estrutura do poder eclesiástico, civil, militar e econômico. Mesmo assim, e ainda equipados com fogueiras, guilhotinas e animais ferozes, eles não conseguiam mudar a decisão dos mártires, por uma simples razão: eles estavam motivados por algo maior do que o poder - a força do amor!

Aceitação e perdão são poderosos recursos do amor, totalmente indisponíveis à liderança do poder. O amor conquista o poder com o perdão.

O amor vai além do poder

A liderança do poder controla a produtividade. A liderança do amor libera as pessoas para que produzam no seu potencial máximo.

Reflexão: Relacionamento Interpessoal

Em uma escala de 1 a 5, autoavalie como você tende a se comportar nas seguintes habilidades interpessoais. Circule a nota que você daria a si mesmo.

Construir vínculos, cultivar e manter relacionamentos: 1 2 3 4 5

Influenciar, persuadir e cativar: 1 2 3 4 5

Desenvolver e apoiar o crescimento dos outros: 1 2 3 4 5

Resolução de conflitos e desacordos: 1 2 3 4 5

Trabalho em equipe: Colaboração e espírito de equipe: 1 2 3 4 5

Liderança inspiradora e visão motivadora: 1 2 3 4 5

Em qual dessas áreas você precisa de mais crescimento?

6

Liderança, Missão e Trabalho em Equipe

A primeira coisa que Jesus fez depois de seu batismo, e antes de começar oficialmente seu ministério, foi escolher uma equipe de trabalho com a qual desenvolver sua liderança. O trabalho em equipe é tão essencial para a liderança que Jesus fez questão de iniciar sua liderança com a escolha da equipe.

De acordo com o Evangelho de João, o primeiro discípulo a compor a equipe de Jesus foi André, depois de ouvir o testemunho de João Batista de que Jesus era o Cordeiro de Deus. André estava acompanhado de outro discípulo anônimo, cuja identidade não é clara. Alguns especulam que João, o autor do relato, teria sido o outro discípulo, e que, portanto, ele teria preferido não se identificar. Seja qual for o caso, e considerando que André imediatamente convidou seu irmão Simão, é evidente que André e Simão estavam entre os primeiros membros da equipe de Jesus (João 1:35-42). Mateus e Marcos mencionam os próximos membros da equipe como Tiago e João, filhos de Zebedeu (Marcos 1:19-20). Em seguida, o próximo discípulo convidado foi Filipe, que convidou seu irmão Natanael. Esses seis discípulos parecem ter sido convidados no curto período de dois dias, pois Marcos menciona que Jesus fez o segundo convite "um pouco mais adiante" (Marcos 1:19), e João relata que Filipe e Natanael foram convidados "no dia seguinte." (João 1:43). Em outras palavras, parece que Jesus queria compor sua equipe o mais rápido possível para iniciar seu projeto de liderança. Pouco tempo depois, Jesus convida Levy Mateus no escritório fiscal público (Marcos 2:14), e então nomeia os doze discípulos como membros oficiais de sua equipe.

A partir de então, Jesus viveria permanentemente com sua equipe, em uma relação pessoal diária com cada um deles, e sendo acompanhado pela equipe em todos os momentos do ministério. Todo o trabalho logístico e a execução do ministério foram compartilhados com a equipe, e os discípulos assumiram responsabilidades tanto no trabalho cotidiano quanto no exercício do ministério. Os discípulos eram encarregados, por exemplo, de preparar e guiar os barcos para a travessia do Mar da Galileia (Marcos 4:35-36), de dividir a multidão em grupos para a distribuição de alimentos na multiplicação dos pães (Marcos 6:39-41), de localizar e preparar alimentos para a última Páscoa (Lucas 22:7-13) e de tomar as providências necessárias para a entrada triunfal em Jerusalém (Mateus 21:1-3). A equipe de Jesus também incluía um grupo de mulheres que o acompanhavam regularmente junto com os discípulos, ajudando nas tarefas domésticas e fornecendo apoio financeiro para o ministério. O texto bíblico diz que Jesus foi acompanhado pelos doze e por algumas mulheres, o que indica que elas eram parte permanente da equipe de Jesus (Lucas 8:1-3).

Mas, acima de tudo, e como tarefa principal, a equipe de Jesus participou ativamente no exercício do ministério e na pregação do evangelho. Após o período necessário de treinamento e aprendizado, Jesus dividiu a equipe dos doze apóstolos em seis duplas para realizar a mesma obra que Jesus fez no ministério, ou seja, pregação o evangelho, a cura e os milagres (Marcos 6:7-8). É curioso que, além da equipe básica dos doze apóstolos, Jesus desenvolveu uma equipe maior entre seus liderados, em um total de setenta discípulos que também foram enviados em pares para promover a expansão do ministério em uma escala mais ampla, a fim de alcançar um maior número de pessoas. (Lucas 10:1). Eventualmente, a equipe de Jesus viria a incluir a multidão de todos os crentes com a fundação da igreja cristã com a missão de ir a todo o mundo e pregar o evangelho a todos os povos, com o propósito final de ensinar, batizar e fazer discípulos. (Mateus 28:18-20)

Esse conceito de trabalho em equipe não é novidade. Aplicando o mesmo método de Jesus, os apóstolos implementaram essa mesma estratégia para liderar o trabalho da igreja primitiva. O livro de Atos descreve o Concílio de Jerusalém, convocado para resolver o problema das tradições judaicas sendo impostas ao cristianismo. A crise era tão grave que ameaçava dividir a igreja do primeiro século. Uma decisão importante teve que ser tomada sobre se a Igreja Cristã deveria ou não adotar as tradições judaicas como regra de conduta.

Para tomar essa decisão, os apóstolos convocaram representantes das igrejas locais para debater o assunto e decidir qual seria a posição da igreja. Depois de discutir o assunto em grupo, os apóstolos como uma equipe tomaram a decisão de não sobrecarregar o cristianismo com exigências rituais, mas recomendar apenas princípios morais e espirituais como parte do comportamento cristão. Uma decisão participativa que protegeu a Igreja Cristã do primeiro século contra dissensões, desarmonia e divisões (Atos 15:6-22).

Princípios Bíblicos do Trabalho em Equipe

1. O trabalho em equipe faz parte da missão – Jesus nunca liderou sozinho. Desde o primeiro dia de seu ministério, quando selecionou os primeiros discípulos, Jesus liderou através de sua equipe por todos os momentos do ministério até sua ascensão. O mesmo aconteceu com os apóstolos após a ascensão de Jesus, que estabeleceram igrejas e escreveram cartas para orientar os líderes e oficiais de cada igreja. De uma perspectiva bíblica, o trabalho em equipe faz parte da missão.

2. Relacionamento é a base do trabalho em equipe – A relação de Jesus com sua equipe era intensa e completa. Além de estarem sempre juntos no ministério, Jesus costumava orar com seus discípulos (Lucas 6:39-40), e juntos eles compartilhavam refeições e até momentos de descanso (Marcos 6:31). Foi através do relacionamento profundo que Jesus estabeleceu laços duradouros e desenvolveu o comprometimento de sua equipe.

3. O trabalho em equipe está a serviço da missão – No início do ministério dos apóstolos, a igreja primitiva corria o alto risco de perder o foco na missão e confundir o propósito final de evangelizar o mundo, distraindo-se com debates ideológicos sobre regras, rituais e comportamentos paralelos à essência do evangelho. Os doze apóstolos então, trabalhando em equipe, convocaram o Concílio de Jerusalém

LIDERANÇA E MENTALIDADE DE MISSÃO

para discutir e definir qual seria o foco da missão e o foco do ministério. Consequentemente, o foco da missão determinou o foco do trabalho em equipe. Em outras palavras, o trabalho em equipe é um método que deve estar sempre a serviço da missão.

4. O líder valoriza todos os membros da equipe – A sabedoria de Cristo é o modelo definitivo para a liderança da equipe. Em sua equipe, Jesus tinha pessoas de todos os tipos, com diversidade de temperamento, diversidade de caráter, diversidade de níveis culturais e diversidade de experiências profissionais, ou seja, pescadores como a maioria, funcionários públicos como Mateus e empresários como Judas. Em uma equipe de apenas doze discípulos, Jesus tinha um amigo próximo e leal em João e três que foram dramaticamente desleais a Jesus. Ou seja, Pedro negou Jesus, Tomé duvidou de Jesus (João 20:24-25), e Judas traiu Jesus, e é descrito na Bíblia como um ladrão e corrupto (João 12:6). Quando a lealdade de todos foi testada na prisão de Jesus, todos abandonaram Jesus e fugiram com medo (Marcos 14:50), com a provável exceção de João, que teria entrado no pátio e acompanhado Jesus ao julgamento do sumo sacerdote (João 18:15). Como João sempre se refere a si mesmo anonimamente, os estudiosos acreditam que João foi o "outro discípulo" conhecido pelo sumo sacerdote que teria acompanhado Jesus. Com sabedoria divina, Jesus conviveu com a diversidade dos discípulos e trabalhou com todos, valorizou a todos, ensinou a todos, tolerou a todos, foi paciente com todos, amou a todos e deu a todos a mesma oportunidade, não desistindo ou demitindo ninguém deles, nem mesmo Judas que roubou o caixa da equipe. Em nenhum momento Jesus deixou de valorizar nenhum membro da equipe, apesar do fracasso de vários deles. De uma perspectiva bíblica, o trabalho em equipe implica igual apreciação e apoio a todos os membros da equipe.

5. O comprometimento da equipe determina o sucesso da missão – Apesar das fraquezas individuais de cada discípulo, eles se desenvolveram como uma equipe unida e comprometida com a missão de pregar o evangelho, a ponto de, em uma só geração, espalharem os ensinamentos de Cristo por todo o mundo conhecido de então, estabelecendo o ponto de partida para a missão mundial da igreja cristã.

Relacionamentos e Processos Grupais

Em toda lista de competências de liderança, o trabalho em equipe é unanimidade. Ninguém discorda que um líder precisa saber trabalhar em grupo. Mas trabalhar em grupo requer mais do que saber algo ou fazer algo. Exige uma atitude de ser uma pessoa relacional, alguém que valoriza os relacionamentos. Uma vez que os líderes não existem sem liderados, o desempenho bem-sucedido da liderança envolve uma atitude interna de valorização dos relacionamentos, que é determinada pela quantidade de amor, compaixão e afeto que existe entre os membros de uma equipe. Em outras palavras,

os relacionamentos são as pontes que conectam autenticidade à influência e à criação de valor. Liderança não é influência por si mesma. Em vez disso, é uma influência que faz a diferença e enriquece a vida dos outros. Liderança não existe no vácuo. Atua sempre no contexto do relacionamento." [79]

Com a visão da liderança como legado de relacionamento, é importante explorar a dinâmica das relações entre líderes e liderados. Considerando que os relacionamentos são um fator que influencia diretamente a motivação, o desempenho e o trabalho em equipe, nossa discussão se concentra no que diferentes estudos revelam sobre a realidade de como os membros da equipe se relacionam e interagem uns com os outros em diferentes situações e contextos.

A relevância dos relacionamentos para a liderança tem raízes profundas na psicologia. De fato, "a psicanálise tem muito a dizer sobre o desenvolvimento do líder-seguidor em um grupo. Segundo Freud, os membros do grupo agem como irmãos no desenvolvimento de sua identificação do ego. Eles formam uma conexão libidinal comum com seu líder (pai) incorporando sua imagem em seu superego." [80]

As fortes conexões que existem entre os membros de uma família se reproduzem nas relações entre os membros de um grupo, criando um potencial imensurável para a ação grupal. Em outras palavras, mais do que uma técnica, a liderança de equipe tem a ver com as conexões emocionais e os fortes laços que se formam entre os membros de um grupo.

Estudos recentes demonstram que a qualidade dos vínculos interpessoais e das relações sociais tem impacto direto na eficiência e comprometimento dos grupos, afetando o desempenho da liderança. De acordo com esses estudos,

a eficácia de uma equipe é afetada por suas estruturas de rede social.

Equipes com laços interpessoais densamente configurados são mais eficazes e mais comprometidas. O desempenho e a viabilidade da equipe são maiores. Redes sociais fortes facilitam o desempenho dos membros e a familiaridade dos membros uns com os outros. [81]

Em outras palavras, o poder dos relacionamentos faz a diferença entre equipes comuns e equipes bem estruturadas com potencial de alta produtividade. Nesse contexto, a missão da equipe eleva o nível de relacionamento, serviço e desempenho da equipe.

Relacionamento e Desenvolvimento de Equipes

Após estudar diferentes equipes e analisar a literatura sobre o tema, o psicólogo Bruce Tuckman propôs um modelo de desenvolvimento de equipe, fazendo uma distinção entre a equipe como entidade social e emocional e a equipe como entidade funcional preocupada com a realização de tarefas. Segundo ele, esses dois fatores ocorrem simultaneamente como aspectos diferentes do desenvolvimento da equipe. Este modelo de desenvolvimento de equipes propõe uma sequência de quatro estágios que ocorrem em diferentes tipos de equipes. Tuckman baseou seus estudos no comportamento de equipes corporativas e grupos de terapia psicológica. Em sua estrutura, o modelo reflete o impacto do fator relacionamento no desenvolvimento das equipes, conforme discutido a seguir. [82]

1. Estágio de Formação – Teste e Dependência do – Nesta fase inicial, quando os grupos são formados, os membros do grupo ou equipe querem testar e descobrir quais comportamentos interpessoais são apropriados ao grupo, vendo como o líder e os outros membros do grupo reagem a cada novo comportamento apresentado. Todos observam os outros, procurando algum tipo de orientação ou indicação de como proceder em diferentes situações. Há uma relação de dependência entre si e uma tentativa de testar diferentes ações para ver quais serão aprovadas pelo grupo.

Do ponto de vista funcional, os membros tentam perceber quais trabalhos são relevantes e realmente necessários para a experiência do grupo. O grupo decide quais informações são pertinentes para lidar com as tarefas em um processo de descoberta de quais são as "regras do jogo". Tanto no nível interpessoal quanto funcional, essa fase é caracterizada por ações em busca da orientação do líder e dos demais companheiros da equipe. É como se fosse o primeiro dia de aula ou um novo emprego, onde todos estão observando todos os outros para descobrir a melhor maneira de preencher sua posição. Durante um determinado período, todos se testam uns aos outros, e dependem uns dos outros para obter informações. Podemos concluir que este é o estágio das relações superficiais.

2. Estágio da Tempestade – Conflito Interpessoal – Nessa segunda etapa, os membros tornam-se pouco receptivos ao líder e aos colegas, na tentativa de proteger sua independência e evitar as regras e a estrutura coletiva que poderiam limitar sua autonomia. Do ponto de vista relacional, essa fase é caracterizada pela falta de união e pelo surgimento de conflitos interpessoais que podem causar desconforto na equipe. O líder precisa guiar a equipe por essa fase com serenidade e confiança, consciente de que isso é parte natural do processo de desenvolvimento de uma equipe. Estratégias de resolução de conflitos podem ajudar, mas, em geral, uma atitude amigável e respeitosa por parte do líder tende a desarmar a equipe e promover a harmonia.

No lado funcional, a tendência é que haja uma resposta emocional como forma de resistir às demandas da tarefa. Essa reação emocional é normalmente causada por uma discrepância entre as preferências e inclinações naturais de cada pessoa e as necessidades do trabalho.

A título de ilustração, em equipes esportivas amadoras, por exemplo, essa fase pode ser marcada pela insistência de alguns jogadores em brigar por suas posições favoritas ou reclamar de colegas que seguram a bola por muito tempo, podendo se deparar com resistência por parte desses colegas. Se o time continuar jogando junto por mais tempo, a tendência é se ajustar a essas diferenças e chegar a um ponto de equilíbrio. Podemos caracterizar esta como a fase turbulenta das relações.

3. Estágio de Normatização – Desenvolvimento da Coesão de Grupo

Nesta fase, os membros do grupo começam a aceitar uns aos outros e a aceitar o grupo em geral. Sentem-se aceitos e querem manter o grupo, criando novas normas coletivas para garantir sua preservação. Ao contrário da segunda etapa, em que há uma reação contra as normas, aqui o grupo cria as normas. As relações pessoais são caracterizadas pela aceitação mútua, e os conflitos tendem a ser resolvidos nessa fase.

Do ponto de vista funcional, os membros interagem em uma troca de experiências sobre as demandas da tarefa. Há um intercâmbio de diferentes interpretações e opiniões sobre os projetos e os desafios que a equipe enfrenta. É comum, nessa fase, que os integrantes atuem abertamente uns com os outros, compartilhando experiências. Em uma equipe de vendas, por exemplo, é provável que os membros discutam abordagens para alcançar o cliente ou quais estratégias estão funcionando melhor na experiência de cada pessoa, levando naturalmente à discussão de suas diferentes opiniões. É nessa etapa que as pessoas valorizam as contribuições umas das outras, e as relações se estabelecem mais. Esta é a fase estável dos relacionamentos.

4. Estágio de Desempenho – Relação de Papéis Funcionais

Considerando que as relações entre os membros já estão estabelecidas na etapa anterior, o grupo passa a ser uma máquina de resolução de problemas. Somente quando os membros aprendem a se relacionar como entidades sociais é que cada um pode cumprir plena e completamente sua parte, sem obstáculos ou atritos na área de relacionamento. Em outras palavras, uma vez que as relações interpessoais estejam bem estruturadas, o indivíduo pode se tornar uma ferramenta poderosa na realização de tarefas. Tudo funciona bem na equipe quando as relações estão maduras e estáveis.

Nos aspectos funcionais, é nessa etapa que surgem as soluções. A equipe é completamente estruturada, conexões são estabelecidas, relacionamentos deixam de ser um problema e as posições individuais se tornam flexíveis e práticas. Agora, todo o esforço e energia são canalizados diretamente para o trabalho e a missão. A estrutura e os relacionamentos tornam-se uma base sólida para sustentar a alta performance. É exatamente nessa etapa, a fase cooperativa de um relacionamento, que a equipe se torna altamente produtiva.

O grande problema em muitas equipes é tornar a tarefa em si a única prioridade, deixando os relacionamentos em segundo plano. Estudos revelam, no entanto, que em todas as etapas do desenvolvimento da equipe, há uma conexão essencial entre relacionamentos e tarefas. A energia investida na estruturação do relacionamento produz resultados diretos no desempenho do trabalho.

Jesus e o Desenvolvimento da Equipe

Por incrível que pareça, esses quatro estágios de desenvolvimento do relacionamento também se repetiram na equipe de Jesus. Aplicando esse conceito aos discípulos de Jesus, podemos ver claramente que o desempenho da missão cresceu com o desenvolvimento da equipe e dos relacionamentos do estágio um ao estágio quatro.

Estágio de insegurança – Na primeira etapa, quando Jesus começou a formar a equipe de discípulos, as relações ainda eram superficiais, gerando um clima de insegurança e desconfiança entre os primeiros discípulos, a ponto de alguns discípulos questionarem a própria autoridade e qualificações de Jesus. Esse questionamento aparece claramente no chamado de Natanael para unir-se aos primeiros discípulos:

No dia seguinte Jesus resolveu partir para a Galiléia, e achando a Felipe disse-lhe: Segue-me. Ora, Felipe era de Betsaida, cidade de André e de Pedro. Felipe achou a Natanael, e disse-lhe: Acabamos de achar aquele de quem escreveram Moisés na lei, e os profetas: Jesus de Nazaré, filho de José. Perguntou-lhe Natanael: Pode haver coisa boa vindo de Nazaré? Disse-lhe Felipe: Vem e vê. (João 1:43-46).

Foi nesse contexto de insegurança que Jesus começou a formar sua equipe e a desenvolver as relações e a confiança entre os primeiros discípulos.

Fase do conflito – Após essa fase inicial de desconfiança, os discípulos passaram a se conhecer e interagir entre si, entrando na segunda etapa de desenvolvimento da equipe. Nessa fase de ajuste, os discípulos começam a entrar em conflito uns com os outros e a disputar poder e posição no futuro governo de Cristo, como imaginavam que o governo seria. Pacientemente, Jesus guiou as relações, mostrando quais seriam as prioridades de seu governo:

Chegaram a Cafarnaum. E estando ele em casa, perguntou-lhes: Que estáveis discutindo pelo caminho? Mas eles se calaram, porque pelo caminho haviam discutido entre si qual deles era o maior. E ele, sentando-se, chamou os doze e lhes disse: se alguém quiser ser o primeiro, será o derradeiro de todos e o servo de todos. (Marcos 9:33-35).

Essa fase do conflito parece ter sido bastante longa, pois os discípulos demoraram a entender a natureza do governo de Cristo e o valor dos relacionamentos. O mesmo conflito e disputa de poder parece ter se estendido à família dos discípulos, a ponto de a própria mãe de dois discípulos participar da disputa:

Aproximou-se dele, então, a mãe dos filhos de Zebedeu, com seus filhos, ajoelhando-se e fazendo-lhe um pedido. Perguntou-lhe Jesus: Que queres? Ela lhe respondeu: Concede que estes meus dois filhos se sentem, um à tua direita e outro à tua esquerda, no teu reino. Jesus, porém, replicou: Não sabeis o que pedis. (Mateus 20:20-22).

A equipe de discípulos passou por uma fase turbulenta como parte de seu crescimento e amadurecimento espiritual. Na maioria das equipes, essa fase é inevitável como parte do aprendizado e crescimento espiritual. O grande perigo, no entanto, é quando os líderes cristãos permanecem nessa fase por muito tempo, o que tende a impedir o crescimento espiritual. Esta fase de aprendizagem nunca deve degenerar em agressões e ataques pessoais. Jesus foi paciente com os discípulos nesta fase, procurando guiá-los pelo exemplo e apontando para a essência da missão: "Quem quer ser o primeiro deve ser o último e o servo de todos." (Marcos 9:35).

Fase do intercâmbio – A chave para o crescimento da equipe é a missão. Passo a passo, Jesus desenvolveu a liderança dos discípulos através do envolvimento na missão. Os discípulos participaram do ministério de Cristo, envolvidos com a pregação, os ensinamentos e os milagres em favor das multidões e das pessoas em sofrimento. Com o envolvimento na missão, essa fase da equipe de Jesus foi caracterizada pela troca de experiências entre os discípulos, quando Jesus os enviou dois a dois para realizar a missão. Nesse ponto, Jesus expandiu sua equipe para incluir 72 liderados no treinamento missionário. Essa interação entre os discípulos foi parte importante do crescimento deles e da equipe.

Ao retornar do treinamento, os discípulos relataram sua experiência missionária. Em seu relatório, não havia mais conflito, não havia mais disputas de poder, não havia mais competição para ver quem tinha mais sucesso ou curava mais pessoas. O intercâmbio missionário elevou os discípulos a um patamar superior, uma nova fase de troca de experiências:

E voltaram os setenta com alegria, dizendo: Senhor, pelo teu nome, até os demônios se nos sujeitam. E disse-lhes: Eu via Satanás, como raio, cair do céu. Eis que vos dou poder para pisar serpentes, e escorpiões, e toda a força do Inimigo, e nada vos fará dano algum. (Lucas 10:17-19).

Nesta fase, o conflito e a luta pelo poder deram lugar à alegria e ao reconhecimento do poder de Jesus. Os discípulos começaram a compartilhar suas experiências, e a missão tornou-se a prioridade primordial.

Fase da missão – Aos poucos a equipe de Jesus foi se desenvolvendo e amadurecendo. Mas até o evento da morte de Jesus, a equipe de Jesus ainda não havia atingido o nível máximo de desenvolvimento. A lealdade da equipe de Jesus ainda estava dividida. Durante o julgamento de Cristo, os discípulos ainda não haviam atingido o nível máximo de compromisso com a missão. A maioria dos discípulos fugiu e abandonou Cristo na hora mais difícil do julgamento. Pedro tentou seguir de longe, mas acabou falhando e negando Jesus vergonhosamente. Faltava uma prova de fogo e, quando a prova de fogo chegou, os discípulos fracassaram no teste. A morte de Cristo foi tão dolorosa para os discípulos que abalou todos os valores espirituais dos discípulos. Mas foi essa prova de fogo que purificou os discípulos e os elevou ao mais alto nível de desenvolvimento da equipe. Somente após a morte de Cristo os discípulos compreenderam a verdadeira dimensão da missão cristã, e quando Jesus ressuscitou e subiu ao céu, os discípulos alcançaram o nível máximo de unidade e compromisso com a missão:

Todos os que criam estavam unidos e tinham tudo em comum. E vendiam suas propriedades e bens e os repartiam por todos, segundo a necessidade de cada um. E, perseverando unânimes todos os dias no templo, e partindo o pão em casa, comiam com alegria e singeleza de coração, louvando a Deus, e caindo na graça de todo o povo. E cada dia acrescentava-lhes o Senhor os que iam sendo salvos. (Atos 2:44-47).

Somente no Pentecostes, ao receberem o Espírito Santo, os discípulos se tornaram uma equipe totalmente unida e totalmente comprometida com o cumprimento da missão. Em outras palavras, a missão é a chave para o crescimento da equipe e a missão também é o resultado do crescimento da equipe. Quanto maior o nível de desenvolvimento da equipe, maior o nível dos relacionamentos e maior o omprometimento com o cumprimento da missão.

Jesus e Sua Equipe

As diferenças de comportamento e relacionamento entre as pessoas tendem a se repetir em diferentes ambientes ou circunstâncias. Como em todas as equipes, o comportamento dos discípulos também reflete o que as pesquisas encontraram sobre o tipo de relacionamento entre líderes e liderados. A interação de Jesus com os discípulos revela claramente que entre o grupo de doze discípulos havia um grupo menor que se aproximava mais de Jesus e por isso esse grupo participou de algumas experiências que os outros discípulos não participaram. Com base na história bíblica, podemos considerar que Pedro, Tiago e João faziam parte do que chamaríamos de grupo mais íntimo da equipe de Jesus. Inexplicavelmente, esses três discípulos eram mais próximos e íntimos de Jesus. Em mais de uma ocasião, Pedro, Tiago e João participaram de alguns eventos que os outros discípulos não participaram. O exemplo mais óbvio foi a experiência da transfiguração, quando Jesus encontrou Moisés e Elias em uma cena exuberante em que a glória divina de Cristo brilhou diante dos três discípulos. A Bíblia não diz por que os outros discípulos não participaram desse evento, mas o texto diz claramente que Jesus convidou apenas Pedro, Tiago e João para um momento especial de oração:

> Cerca de oito dias depois de ter proferido essas palavras, tomou Jesus consigo a Pedro, a João e a Tiago, e subiu ao monte para orar. Enquanto ele orava, mudou-se a aparência do seu rosto, e a sua roupa tornou-se branca e resplandecente. E eis que estavam falando com ele dois varões, que eram Moisés e Elias, os quais apareceram com glória, e falavam da sua partida que estava para cumprir-se em Jerusalém. Ora, Pedro e os que estavam com ele se haviam deixado vencer pelo sono; despertando, porém, viram a sua glória e os dois varões que estavam com ele. E, quando estes se apartavam dele, disse Pedro a Jesus: Mestre, bom é estarmos nós aqui: façamos, pois, três cabanas, uma para ti, uma para Moisés, e uma para Elias, não sabendo o que dizia (Lucas 9:28-33).

A participação dos três discípulos nesse evento foi muito mais do que um espetáculo que viram ou uma visão especial. No encontro de Jesus com Moisés e Elias, Jesus conversou com eles sobre sua partida para o céu, de modo que os três discípulos tiveram a oportunidade de testemunhar o planejamento celestial da ascensão de Cristo. Essa foi certamente uma experiência transformadora que teve um impacto permanente na vida dos três discípulos, um momento sublime que os outros discípulos não tiveram a oportunidade de participar.

Outra ocasião em que os três discípulos aparecem mais próximos de Jesus foi no Jardim do Getsêmani. No momento de sua maior agonia e angústia, Jesus voltou a chamar os três discípulos mais próximos para estarem com ele em oração em um dos momentos mais sagrados da história humana:

> Eles foram a um lugar chamado Getsêmani, e Jesus disse aos seus discípulos: Então chegaram a um lugar chamado Getsêmani, e disse Jesus a seus discípulos: Sentai-vos aqui, enquanto eu oro. E levou consigo a Pedro, a Tiago e a João, e começou a ter pavor e a angustiar-se; e disse-lhes: A minha alma está triste até a morte; ficai aqui e vigiai. (Marcos 14:32-36).

Novamente, a Bíblia não explica por que os três foram escolhidos, mas indica claramente que a relação desses três discípulos com Jesus era de uma intensidade maior do que os outros. Em outras palavras, dentro da equipe de discípulos havia um grupo menor que se aproximava mais de Jesus. Como líder, Jesus promoveu o crescimento espiritual de toda a sua equipe, mas além disso, ele aceitou a resposta de cada discípulo ao corresponder ao amor de Jesus.

Vantagens e Desvantagens do Trabalho em Equipe

Tudo o que foi discutido até agora se concentrou no lado positivo do trabalho em equipe, com base em estudos feitos por diferentes pesquisadores. Mas há também algumas críticas feitas ao trabalho em equipe que merecem ser analisadas. Afinal, quem tem razão? O trabalho em equipe é realmente superior ao trabalho individual ou depende da perspectiva de cada um? Do ponto de vista prático e de desempenho, qual a melhor alternativa? Há quem diga, por exemplo, que o trabalho em equipe representa um gasto maior para a organização e um maior desperdício de tempo dos liderados. O quadro abaixo resume algumas desvantagens frequentemente atribuídas ao trabalho em equipe.

Desvantagens do Trabalho em Equipe

---

1. Pressão para se adequar ao padrão do grupo.

2. Omissão e passividade de alguns.

3. Marginalização daqueles que são diferentes do grupo (positiva ou negativamente).

4. Xenofobia: medo de outros grupos, vendo-os como adversários.

5. Aumento dos conflitos interpessoais no trabalho.

6. Excesso de consenso, em detrimento do pensamento individual.

7. Autopromoção e autodeterminação (exemplo: políticos que votam pelo próprio salário).

Aos olhos de alguns críticos, as desvantagens acima tornam o trabalho em equipe um obstáculo para o melhor desempenho das tarefas profissionais. E não há dúvida de que o trabalho em equipe enfrenta riscos e obstáculos a serem superados. A maioria dos pesquisadores, no entanto, é unânime em afirmar que essas desvantagens nada mais são do que desafios a serem enfrentados na estruturação de equipes e que, uma vez superados, possibilitarão maximização de resultados e maior desempenho.

Do ponto de vista dos relacionamentos – foco deste capítulo – praticamente todos os desafios acima ocorrem nos estágios iniciais do desenvolvimento da equipe, quando os relacionamentos entre os membros da equipe estão sendo estruturados e amadurecidos. Esses desafios serão, de fato, um obstáculo se as equipes não passarem dos estágios iniciais de desenvolvimento e permanecerem com relacionamentos turbulentos e não resolvidos.

Por outro lado, são inúmeros os estudos que apresentam diferentes listas de vantagens diretas do trabalho em equipe, como uma poderosa ferramenta para ampliar os resultados e o desempenho. Veja na tabela abaixo essas vantagens, tanto para a organização quanto para os membros da equipe, como colaboradores e como pessoas.

Vantagens do Trabalho em Equipe

1. Contribuição múltipla para aumentar os resultados (uma pessoa

não construiria um carro).

2. Maior número de possibilidades e estratégias.

3. Menor probabilidade de erro.

4. Necessidades sociais e emocionais atendidas.

5. Maior sensação de segurança, autoestima e realização pessoal.

6. Maior satisfação no trabalho como resultado da realização pessoal.

7. Responsabilidade compartilhada por decisões fáceis e difíceis.

8. Recompensa compartilhada.

Em outras palavras, a vantagem do trabalho em equipe não é a ausência de obstáculos, mas o fato de o grupo estar unido para enfrentar os obstáculos juntos e alcançar resultados significativos para todos.

Quando as relações em equipe são bem estruturadas, tudo funciona melhor, inclusive estratégias para desenvolver um bom trabalho em equipe. Não é nossa intenção discutir técnicas de trabalho em equipe, pois liderança não é uma técnica a ser aprendida, mas uma atitude a ser vivida. Na verdade, para se tornar um líder, não adianta mudar a forma como você age, é necessário mudar a forma como você é. Ou, nas palavras de Kouzes e Posner:

Desenvolvimento de liderança é autodesenvolvimento. Os engenheiros têm computadores; pintores, telas e pincéis; músicos, instrumentos. Os líderes têm apenas a si mesmos. O instrumento da liderança é o eu, e o domínio da arte da liderança vem do domínio do eu.[83]

Em outras palavras, dominar a arte da liderança de equipes requer crescimento pessoal e mudança de mentalidade em relação à vida. É uma mudança nas relações interpessoais e no sentimento em relação às pessoas. Nesse processo de autodesenvolvimento, existem algumas atitudes e áreas de crescimento pessoal que estão diretamente relacionadas ao trabalho em equipe.

Dicas Práticas Sobre Reuniões

Como as equipes dependem diretamente das reuniões, é bom lembrar que a equipe existe fora da sala de reuniões. Algumas dicas práticas podem ajudar a planejar uma reunião de equipe e tornar o encontro agradável e produtivo:

1. Prepare uma agenda com antecedência e distribua-a aos participantes da reunião.

2. Divida as responsabilidades da reunião entre vários membros da equipe com diferentes papéis: coordenador, facilitador, secretário para anotar as atas, e cronometrista. Isso faz com que cada pessoa se sinta responsável pelo sucesso do encontro.

3. Mantenha a discussão focada na pauta e nos assuntos relacionados ao tema proposto.

4. Estimule a participação ativa e entusiástica, onde todos estejam envolvidos na discussão e queiram participar.

5. Dê continuidade à reunião após o encontro, acompanhando as decisões e pedidos propostos na reunião.

6. Realize reuniões periódicas para desenvolvimento da equipe, crescimento pessoal e treinamentos específicos em áreas do interesse de todos, a fim de melhorar o desempenho.

7. Realize encontros periódicos apenas para interação social, onde todos podem participar de jogos, brincadeiras, filmes ou outras atividades sociais, como a tradicional pizza, pipoca ou sorvete. Nesses momentos, esqueça as obrigações e a preocupação em manter a imagem e apenas divirta-se com a equipe. Em uma escala menor, cada reunião deve incluir um elemento social para ajudar a equipe a relaxar.

8. Não se esqueça de comemorar as vitórias da equipe e destacar as conquistas significativas de cada membro da equipe. Essas comemorações podem ser anuais, duas vezes por ano, ou trimestrais e devem ser verdadeiras festas comemorativas. Nessas ocasiões, os participantes deveriam poder atestar as dificuldades enfrentadas e a experiência adquirida. Em certo sentido, esse espírito de compartilhamento de experiências deve estar presente em todos os encontros ao longo do ano.

As reuniões de equipe são tão produtivas quanto o equilíbrio entre os níveis de relacionamento e comprometimento dos membros do comitê. Em resumo, os relacionamentos determinarão a qualidade do trabalho em equipe, a qualidade da liderança, e a qualidade da missão.

Verdadeiro ou Falso?

- Uma reunião é um evento onde as atas são mantidas e as horas são perdidas.
- Uma reunião é uma reunião onde as pessoas falam, não dizem nada, então todas discordam.
- Uma reunião é indispensável quando você não quer realizar nada.
- A duração de uma reunião aumenta com o quadrado do número de pessoas presentes.[84]

Como Detonar uma Reunião da Equipe

- Estilo papagaio: quando uma só pessoa fala mais do que todo mundo.

- Estilo carrapato: permanecer no mesmo assunto por tempo demasiado.

- Estilo avestruz: evitar um determinado assunto ou assumir uma atitude vaga e defensiva.

- Estilo rã: pular de um assunto para outro sem concluir nenhum deles.

- Estilo jararaca: atacar a pessoa em vez de discutir sua opinião ou proposta.

- Estilo tartaruga: tornar a equipe lenta e vagarosa porque as decisões não são transformadas em ações.[85]

7
Liderança, Missão e Inteligência Emocional

A inteligência emocional tem sido um conceito bíblico muito antes de qualquer psicólogo moderno falar sobre isso. Muito antes de a pesquisa acadêmica explorar o comportamento das emoções humanas, o sábio Salomão disse: há "tempo de abraçar, e tempo de abster-se de abraçar; tempo de amar, e tempo de odiar; tempo de guerra, e tempo de paz." (Eclesiastes 3:5, 8). Salomão também disse que "Melhor é o longânimo do que o valente; e o que domina o seu espírito do que o que toma uma cidade." (Provérbios 16:32). No Novo Testamento, Paulo se refere à inteligência emocional como fruto do espírito quando diz: "Mas o fruto do Espírito é: o amor, o gozo, a paz, a longanimidade, a benignidade, a bondade, a fidelidade, a mansidão, o domínio próprio; contra estas coisas não há lei." (Gálatas 5:22-23). De fato, na visão bíblica, a vida cristã está sempre relacionada à estabilidade emocional e ao autocontrole em qualquer circunstância.

A Inteligência Emocional de Jesus

Jesus levou o conceito de inteligência emocional a um nível mais elevado quando disse: "Amai os vossos inimigos e orai pelos que vos perseguem" (Mateus 5:44). Nos ensinamentos de Jesus, a vida espiritual implica estabilidade emocional, que é o mesmo que inteligência emocional. Essa é a evidência de uma vida transformada pelo Espírito.

O próprio Jesus teve uma vida cheia de emoções. Engana-se quem pensa que Jesus nunca se emocionou. Ele experimentou as mais altas emoções positivas possíveis, e as emoções negativas mais profundas que um ser humano pode sentir. Ninguém sentiu emoções mais profundamente na vida do que Jesus Cristo. Com inteligência emocional, juntou-se à multidão alegre nas bodas de Caná da Galileia, compreendeu suas preocupações quando a festa ficou sem vinho e restaurou sua felicidade transformando água em vinho. Ele sempre ajudou as pessoas em suas crises, dramas, preocupações e sofrimento. E ele experimentou suas próprias emoções profundas também. Como reflexão, podemos observar a intensidade com que Jesus sentiu e administrou suas emoções:

- Jesus sentiu o desgosto de ver o sofrimento humano e sentiu o prazer de aliviar esse sofrimento.

- Ele sentia um amor infinito pelos pecadores e uma completa aversão ao pecado.

- Ao mesmo tempo em que enfrentava as pressões externas mais estressantes, desfrutava da mais doce paz interior.

- A mesma mão que tocou os leprosos com amor também segurou o chicote que purificou energicamente o templo!

- Sentiu a popularidade de viver cercado por multidões, mas agonizou em solidão no Monte das Oliveiras!

- Sentiu o constrangimento de ser cuspido no rosto, mas sentiu a honra de ter os pés beijados!

- Sentiu-se ferido pela calúnia dos fariseus, mas sentiu-se amado pela unção de Maria Madalena.

- Ao mesmo tempo em que desprezava e ccensurava os erros dos adultos, desfrutava o carinho das crianças.

- Ninguém nunca sentiu mais rejeição do que ele e, ao mesmo tempo, ninguém sentiu maior dignidade e autoestima do que ele.

- Ele sentiu insegurança quando exclamou: "Deus meu, Deus meu, por que me desamparaste?" Mas sentiu-se seguro quando disse: "Eu e o Pai somos um."

- Sentiu-se desrespeitado e humilhado quando foi pendurado em uma cruz, mas sentiu respeito ao ser venerado por anjos!

- Como qualquer outro ser humano, sentiuu dor e alívio, tristeza e alegria, desprezo e honra, angústia e paz.

Poderíamos negar a importância das emoções na vida de Jesus? Nunca! Era um homem de muitas emoções e sabia administrá-las. Uma história da Bíblia descreve a inteligência emocional de Jesus ao lidar com o sofrimento humano:

> Jesus ainda não havia entrado na aldeia, mas estava no lugar onde Marta o encontrara. Então os judeus que estavam com Maria em casa e a consolavam, vendo-a levantar-se apressadamente e sair, seguiram-na, pensando que ia ao sepulcro para chorar ali. Tendo, pois, Maria chegado ao lugar onde Jesus estava, e vendo-a, lançou-se-lhe aos pés e disse: Senhor, se tu estiveras aqui, meu irmão não teria morrido. Jesus, pois, quando a viu chorar, e chorarem também os judeus que com ela vinham, comoveu-se em espírito, e perturbou-se, e perguntou: Onde o puseste? Responderam-lhe: Senhor, vem e vê. Jesus chorou. Disseram então os judeus: Vede como o amava. (João 11:30-36).

Este texto é rico em conteúdo emocional, tanto para as irmãs de Lázaro quanto para Jesus. De fato, as emoções de Jesus sempre se misturaram com as emoções de outras pessoas. Isso porque ninguém sente emoção em uma bolha. Toda emoção humana está relacionada a outras pessoas. A emoção é uma experiência absolutamente interpessoal. Ninguém sente amor isolado dos outros, nem ódio, nem alegria, nem tristeza. Até mesmo a solidão é uma experiência interpessoal, já que nada mais é do que a falta de outra pessoa.

Jesus esperou dois dias depois de ouvir a notícia. Por que Jesus fez isso? Parece razoável acreditar que Jesus queria aumentar a força das emoções e mostrar a glória de Deus. Ele disse que a doença era para a glória de Deus. Sem dúvida, quanto maior o milagre, mais glória para Deus. Jesus queria que houvesse mais emoção e, consequentemente, mais glória para Deus. Ele sabia que com mais tristeza pela morte de

Lázaro viria mais alegria da ressurreição e mais louvor a Deus. Por isso, Jesus deixou espaço para Maria, Marta e seus amigos chorarem sua dor. Jesus não foi lá para dizer: "não chore." Jesus deixou-os chorar primeiro, e depois transformou o seu clamor em alegria. Com inteligência emocional, Jesus sabia que "há tempo para chorar e tempo para rir."

Sinta o contexto emocional deste incidente. Jesus amava e tinha uma relação íntima com a família de Lázaro. Os amigos que vieram de Jerusalém amavam a família de Lázaro. As irmãs de Lázaro eram amigas de Jesus e o amavam. Jesus não operou um milagre profissional ou mesmo pastoral. Jesus ressuscitou um amigo íntimo. Embora Jesus amasse a todos, ele sentia um vínculo emocional muito forte com esse milagre. Não há como negar isso.

Marta foi receber Jesus fora da cidade. Jesus pediu para falar com Maria em particular, e a esperou fora da cidade. Ele sabia da dor que a amiga estava sentindo e queria dar a ela toda a sua atenção sem compartilhá-la com a multidão que estava na casa. Maria correu, animada ao ver Jesus, e ao encontrá-lo, a narrativa diz que ela caiu aos seus pés, quase desmaiando de desespero. Em sua dor e reação emocional, Maria sentiu-se decepcionada por Jesus ter demorado tanto para vir ajudá-la. Naquele momento, Jesus não disse a ela para não chorar, mas respeitou a dor da amiga e prometeu que seu irmão viveria novamente.

Finalmente, eles chegaram ao sepulcro e, até aquele momento, Jesus havia contido suas emoções. Mas quando viu a sepultura, sabendo que seu amigo estava se decompondo por dentro, Jesus ficou profundamente perturbado! Lá no sepulcro, Jesus não resistiu à força da emoção e chorou, porque na sua inteligência emocional, Jesus também tinha "um tempo para chorar e um tempo para rir."

Esse foi o único milagre em que Jesus chorou. Alguns podem se perguntar por que Jesus chorou com esse milagre. Podemos interpretar suas lágrimas de maneiras diferentes, mas podemos imaginar pelo menos cinco razões pelas quais ele chorou:

1. Jesus chorou porque tinha uma relação pessoal com Lázaro.

2. Jesus chorou porque era humano e sentiu as mesmas emoções que sentimos.

3. Jesus chorou porque sentiu o aguilhão da emoção que nos fere!

4. Jesus chorou porque sabia que a melhor maneira de confortar alguém é chorar com essa pessoa.

5. Finalmente, o choro de Jesus também teve um significado profético. Podemos imaginar que Jesus se perguntou sobre as muitas sepulturas que ele não seria capaz de abrir um dia, porque os ocupantes não aceitariam seu perdão e salvação.

Depois de tirar um tempo para chorar, Jesus sentiu que era hora de rir. Com apenas quatro palavras, acordou Lázaro e o convidou a voltar à vida. Ele transformou a angústia de todos em alegria, júbilo e louvor.

Jesus foi a expressão máxima desse conceito de inteligência emocional. Sofrendo constantemente pressão psicológica e religiosa de seus oponentes, Jesus nunca se deixou levar por emoções negativas ao responder aos abusos de seus oponentes. Pelo contrário, com sabedoria superior, Jesus sempre teve a resposta certa, na hora certa, no lugar certo, da maneira certa e para a pessoa certa! Diante da pressão cruel de seus oponentes, algumas das respostas corretas de Jesus entraram para a história com pedras preciosas do pensamento. Aqui estão alguns exemplos das respostas certas de Jesus:

Quando confrontado com o dilema de infringir a lei romana ou a lei judaica sobre o pagamento de impostos ao governo pagão do império romano, com a perspectiva de ser condenado civil ou religiosamente se ele respondesse de uma forma ou de outra, quando parecia que nenhuma resposta seria aceitável, Jesus encontrou a resposta certa, no momento certo, no lugar certo, da maneira certa e para a pessoa certa, dizendo:

Então os fariseus se retiraram e consultaram entre si como o apanhariam em alguma palavra; e enviaram-lhe os seus discípulos, juntamente com os herodianos, a dizer; Mestre, sabemos que és verdadeiro, e que ensinas segundo a verdade o caminho de Deus, e de ninguém se te dá, porque não olhas a aparência dos homens. Dize-nos, pois, que te parece? É lícito pagar tributo a César, ou não? Jesus, porém, percebendo a sua malícia, respondeu: Por que me experimentais, hipócritas? Mostrai-me a moeda do tributo. E eles lhe apresentaram um denário. Perguntou-lhes ele: De quem é esta imagem e inscrição? Responderam: De César. Então lhes disse: Dai, pois, a César o que é de César, e a Deus o que é de Deus. Ao ouvirem isso, ficaram admirados; e, deixando-o, se retiraram. (Mateus 22:15-22).

Em outra ocasião, Jesus se deparou com o dilema entre aplicar a lei para punir o pecador ou infringir a lei para perdoar o pecador. Qualquer que fosse a resposta de Jesus, seus ensinamentos e princípios seriam comprometidos e ridicularizados diante da astúcia dos acusadores. Mais uma vez Jesus encontrou a resposta certa, na hora certa, no lugar certo, da maneira certa e para a pessoa certa. Vale a pena reler esta história dramática:

Então os escribas e fariseus trouxeram-lhe uma mulher apanhada em adultério; e pondo-a no meio, disseram-lhe: Mestre, esta mulher foi apanhada em flagrante adultério. Ora, Moisés nos ordena na lei que as tais sejam apedrejadas. Tu, pois, que dizes? Isto diziam eles, tentando-o, para terem de que o acusar. Jesus, porém, inclinando-se, começou a escrever no chão com o dedo. Mas, como insistissem em perguntar-lhe, ergueu-se e disse- lhes: Aquele dentre vós que está sem pecado seja o primeiro que lhe atire uma pedra. E, tornando a inclinar-se, escrevia na terra. Quando ouviram isto foram saindo um a um, a começar pelos mais velhos, até os últimos; ficou só Jesus, e a mulher ali em pé. Então, erguendo-se Jesus e não vendo a ninguém senão a mulher, perguntou-lhe: Mulher, onde estão aqueles teus acusadores? Ninguém te condenou? Respondeu ela: Ninguém, Senhor. E disse-lhe Jesus: Nem eu te condeno; vai-te, e não peques mais (João 8:3-11).

Após o encontro com Jesus, o inspetor Levi Mateus foi tocado pelo amor de Jesus e aceitou o plano de salvação. Feliz com sua nova experiência, Levi convidou Jesus para uma festa com todos os seus amigos e colegas de trabalho que eram fiscais da Receita Federal. Um judeu jantando em uma festa de corruptos, como eram chamados os cobradores de impostos, era motivo suficiente para censura e denúncia por parte das lideranças religiosas do país. Cruelmente acusado pelos fariseus, Jesus encontrou novamente a resposta certa, na hora certa, no lugar certo, do jeito certo e para a pessoa certa. Em sua resposta, Jesus definiu a essência da missão da igreja:

Deu-lhe então Levi um lauto banquete em sua casa; havia ali grande número de publicanos e outros que estavam com eles à mesa. Murmuravam, pois, os fariseus e seus escribas contra os discípulos, perguntando: Por que comeis e bebeis com publicanos e pecadores?

Respondeu-lhes Jesus: Não necessitam de médico os sãos, mas sim os enfermos; eu não vim chamar justos, mas pecadores, ao arrependimento. (Lucas 5:29-32).

No momento da maior tortura e agonia da vida de Jesus, quando ele sofreu a dor física da crucificação e a dor emocional da separação de Deus por causa dos pecados da humanidade pesando sobre seus ombros, Jesus ainda teve que suportar a humilhação de ser cuspido no rosto, ferido com uma coroa de espinhos e zombado pelos soldados que o desafiaram a descer da cruz e provar seu poder salvando a si mesmo. Diante do insulto espiritual da multidão e da agonizante pressão emocional, Jesus poderia ter respondido com destruição imediata fulminando todos os escarnecedores. Jesus também poderia ter respondido enviando milhares de anjos para protegê-lo da turba provocadora. Mas Jesus preferiu dar a resposta certa, na hora certa, no lugar certo, ddo jeito certo e para a pessoa certa. Em sua resposta, Jesus apresentou o propósito de seu reino e missão evangélica:

> E levavam também com ele outros dois, que eram malfeitores, para serem mortos. Quando chegaram ao lugar chamado Caveira, ali o crucificaram, a ele e também aos malfeitores, um à direita e outro à esquerda. Jesus, porém, dizia: Pai, perdoa-lhes; porque não sabem o que fazem. (Lucas 23:32-34).

Em todas as suas atividades ministeriais e através de seus ensinamentos, a inteligência emocional de Jesus abriu as portas para a missão e para alcançar o coração das pessoas. Todas as competências da inteligência emocional estavam presentes na relação de Jesus com as pessoas e em seus ensinamentos. A lista abaixo ilustra as competências de inteligência emocional de Jesus.

Autoconhecimento – Jesus tinha plena consciência de sua missão e sabia de onde vinha e para onde ia. Em uma discussão hostil quando os líderes judeus questionaram a origem do ministério de Cristo e se gabavam de serem os filhos legítimos de Abraão, Jesus respondeu com a certeza de alguém que estava ciente de si mesmo e de sua missão: "Em verdade vos digo: antes que Abraão existisse, Eu sou!" (João 8:58). Em outra ocasião, quando Tomé perguntou sobre a dificuldade de seguir Jesus sem saber a direção, Jesus respondeu com autoconsciência e plena certeza de sua missão: "Disse-lhe Tomé: Senhor, não sabemos para onde vais; e como podemos saber o caminho? Respondeu-lhe Jesus: Eu sou o caminho, e a verdade, e a vida; ninguém vem ao Pai, senão por mim." (João 14:5-6).

Autogestão – Descrevendo sua missão no plano de salvação e seu ministério como o bom pastor, Jesus assumiu total responsabilidade por sua missão e pelo controle absoluto de sua própria vida em harmonia com seu Pai na realização da missão celestial: "Por isto o Pai me ama, porque dou a minha vida para a retomar. Ninguém a tira de mim, mas eu de mim mesmo a dou; tenho autoridade para a dar, e tenho autoridade para retomá-la. Este mandamento recebi de meu Pai. (João 10:17-18).

Consciência social – No início de seu ministério, Jesus tinha plena consciência de que sua missão incluía o papel social de aliviar o sofrimento dos pobres e oprimidos, juntamente com o papel espiritual de libertar as pessoas do peso do pecado e da opressão de uma vida inteira. Sua declaração de missão expôs o propósito de seu ministério:

Chegando a Nazaré, onde fora criado; entrou na sinagoga no dia de sábado, segundo o seu costume, e levantou-se para ler. Foi-lhe entregue o livro do profeta Isaías; e abrindo-o, achou o lugar em que estava escrito: O Espírito do Senhor está sobre mim, porquanto me ungiu para anunciar boas novas aos pobres; enviou-me para proclamar libertação aos cativos, e restauração da vista aos cegos, para pôr em liberdade os oprimidos, e para proclamar o ano aceitável do Senhor. E fechando o livro, devolveu-o ao assistente e sentou-se; e os olhos de todos na sinagoga estavam fitos nele. Então começou a dizer-lhes: Hoje se cumpriu esta escritura aos vossos ouvidos (Lucas 4:16-21).

Relacionamento – Jesus descreveu sua relação com os discípulos como uma relação de amizade, a ponto de revelar aos discípulos todos os segredos de seu Pai celestial, tamanha era a proximidade de Jesus com aqueles que liderava. Ele também fez questão de ressaltar que essa relação de amizade era indissociável da missão, ou seja, dar frutos. Para Jesus, inteligência emocional significa amar uns aos outros, com uma preocupação genuína de compartilhar com as pessoas o bem maior que é a mensagem da salvação:

Vós sois meus amigos, se fizerdes o que eu vos mando. Já não vos chamo servos, porque o servo não sabe o que faz o seu senhor; mas chamei-vos amigos, porque tudo quanto ouvi de meu Pai vos dei a conhecer. Vós não me escolhestes a mim, mas eu vos escolhi a vós, e vos designei, para que vades e deis frutos, e o vosso fruto permaneça, a fim de que tudo quanto pedirdes ao Pai em meu nome, ele vo-lo conceda. Isto vos mando: que vos ameis uns aos outros. (João 15:14-17).

Em outras palavras, todas as competências da inteligência emocional, que incluem autoconhecimento, autogestão, consciência social e relacionamentos amorosos, têm o propósito final de cumprir a missão e revelar o segredo da salvação aos amigos e a todas as pessoas.

Princípios Bíblicos da Inteligência Emocional

1. Inteligência emocional abre as portas para a missão – A inteligência emocional tem a virtude de quebrar barreiras de preconceito, desarmar hostilidades e criar um contexto agradável que torne a verdade bíblica mais atraente e simpática. Foi assim que Jesus conquistou todo o povo de Samaria. Cansado e sedento pelo sol quente, Jesus viu alguém se aproximar para buscar água. Com amor e senso de missão, Jesus sentiu o desejo de partilhar com ela o plano de salvação. Mas antes de entrar em um estudo bíblico, Jesus convidou a mulher para um diálogo, começando com um pedido totalmente inesperado:

Havia ali o poço de Jacó. Jesus, cansado da viagem, sentou-se à beira do poço. Isto se deu por volta do meio-dia. Nisso veio uma mulher samaritana tirar água. Disse-lhe Jesus: "Dê-me um pouco de água.." (Os seus discípulos tinham ido à cidade comprar comida.) A mulher samaritana lhe perguntou: "Como o senhor, sendo judeu, pede a mim, uma samaritana, água para beber?" (Pois os judeus não se dão bem com os samaritanos.) Jesus lhe respondeu: "Se você conhecesse o dom de Deus e quem está pedindo água, você lhe teria pedido e dele receberia água viva." (João 4:6-10).

A maneira como Jesus convidou a mulher samaritana para um diálogo revela a sabedoria divina necessária para se aproximar das pessoas. Um simples gesto de inteligência emocional quebrou preconceitos, acalmou hostilidades e abriu as portas para a missão de evangelizar toda a região da Samaria. O mesmo princípio se aplica hoje, como diz Ellen White: "Se nos humilhássemos diante de Deus, e fôssemos bondosos, cortês, ternos e piedosos, haveria cem conversões à verdade onde agora há apenas uma." [86]

2. A Inteligência emocional confirma a missão – Em sua oração intercessora pelos discípulos, Jesus orou pela unidade e harmonia entre os discípulos e todos os cristãos, revelando que a relação harmoniosa entre os cristãos é a maior prova para o mundo de que a missão é de origem divina e reflete o caráter de Deus. A unidade entre os cristãos é um conceito espiritual superior que vem da intimidade com Deus e permeia todos os aspectos da vida cristã, o que inclui a inteligência emocional no sentido de respeito mútuo e cooperação para o bem-estar mútuo. Este é o contexto da oração de Jesus: "para que todos sejam um; assim como tu, ó Pai, és em mim, e eu em ti, que também eles sejam um em nós; para que o mundo creia que tu me enviaste." (João 17:21). Em outras palavras, as boas relações no contexto da unidade espiritual confirmam a validade da missão cristã.

A Influência Emocional do Líder

Entre as muitas definições de inteligência emocional, a que mais gosto é a definição clássica adaptada dos conceitos de Aristóteles por volta de 350 a.C.:

> **Inteligência emocional é saber expressar a emoção certa, na hora certa, no lugar certo, do jeito certo e para a pessoa certa!**

No livro *Primal Leadership*, de Daniel Goleman, há uma afirmação desafiadora: "A tarefa emocional do líder é primordial – isto é, primeira – em dois sentidos: é o ato original e o ato mais importante da liderança." [87] Segundo os autores, os líderes sempre desempenharam um papel emocional primordial, conquistando seu espaço porque sua liderança era emocionalmente contagiosa. Em qualquer grupo de pessoas, o líder tem o poder de despertar as emoções de todos e, se essas emoções forem canalizadas para o entusiasmo, o desempenho aumentará como resultado.

Os líderes são capazes de inspirar paixão e grandes ideais. Embora muitos chamem isso de visão ou estratégia, estudos indicam que uma grande liderança trabalha por meio das emoções. Saber direcionar as emoções dos liderados na direção certa e saber fazer o mesmo consigo mesmo e com os próprios relacionamentos é o que Daniel Goleman chama de competência de inteligência emocional – segundo ele, a competência essencial da liderança primordial. [88] A implicação é clara: as pessoas que se sentem bem fazem melhor.

Estudos mostram que a influência emocional do líder é exercida direta e indiretamente, de diferentes maneiras e por diferentes motivos. Abaixo estão alguns resultados de pesquisas sobre a influência emocional do líder:

1. Os liderados buscam no líder empatia e apoio emocional. Entender esse importante papel das emoções no ambiente de trabalho diferencia os melhores líderes dos demais, tanto em termos de desempenho e resultados financeiros quanto em outros aspectos menos tangíveis, como moral elevada, motivação e comprometimento.

2. O líder desempenha um papel fundamental na determinação do humor e da situação emocional da equipe, pois é natural que as pessoas prestem atenção extra aos sentimentos e comportamentos do líder, pois seu ponto de vista muitas vezes tem peso adicional nas decisões. e atitudes da equipe.

3. Emoções negativas na equipe, especialmente raiva, ansiedade e insegurança, desviam a atenção da tarefa em questão, prejudicando significativamente o trabalho.

4. Boas relações humanas entre líderes e liderados, bem como o bem-estar emocional da equipe, produzem maior eficiência mental, ajudam as pessoas a entender melhor as informações, a serem mais flexíveis na forma de pensar, a terem mais discernimento e a tomarem melhores decisões.

5. Líderes que agem com empatia permitem que a equipe mantenha relacionamentos efetivos entre si e com o resto da organização. Empatia significa levar em conta os sentimentos e necessidades da equipe, subordinados e clientes, criando um clima de interesse mútuo dentro da organização e com os respectivos clientes.

Em suma, a inteligência emocional tem a ver com o processo de desenvolver relações interpessoais saudáveis e nutrir sentimentos positivos nas pessoas. Quando os relacionamentos são bem estruturados, todo o processo de liderança apresenta desempenho superior, o que resulta em melhores estratégias e produtividade.

Reflexão: Autogestão

Em uma escala de 1 a 5, autoavalie sua tendência ao desempenho nas seguintes habilidades de autogestão. Circule a nota que você daria a si mesmo.

Autocontrole emocional – controlando seus próprios impulsos: 1 2 3 4 5

Transparência – integridade e honestidade: 1 2 3 4 5

Adaptabilidade e flexibilidade para se adaptar à mudança: 1 2 3 4 5

Capacidade de alcançar e buscar a excelência: 1 2 3 4 5

Iniciativa e disponibilidade para criar e aproveitar oportunidades: 1 2 3 4 5

Otimismo para ver o lado bom das circunstâncias: 1 2 3 4 5

Em qual dessas áreas você precisa de mais crescimento?

Reflexão: Consciência Social

Em uma escala de 1 a 5, autoavalie sua tendência a ter desempenho nas seguintes habilidades de consciência social. Circule a nota que você daria a si mesmo.

Empatia para entender a perspectiva dos outros: 1 2 3 4 5

Consciência organizacional para aceitar as normas 1 2 3 4 5

Prioridade para servir e ajudar nas necessidades dos liderados: 1 2 3 4 5

Em qual dessas áreas você precisa de mais crescimento?

8

Liderança, Missão e Motivação

Jairo era um judeu de desempenho religioso impecável. Ele era o líder de uma sinagoga e, para se tornar o líder de uma sinagoga, deveria ter a reputação de um adorador modelo, impecável, irrepreensível. Durante muito tempo, sua liderança foi motivada por sua posição. Quanto melhor era seu desempenho religioso, melhor ele se sentia a respeito de si mesmo e mais era respeitado. Como líder da sinagoga, sua missão era defender as leis e costumes da religião judaica. Jairo já tinha ouvido falar de Jesus, e certamente ouvira críticas e elogios a seu respeito. Mas ele nunca tomou qualquer iniciativa para procurar Jesus. Um líder da sinagoga não precisava de um professor que não tivesse as credenciais da sinagoga. Ele ouviu as pessoas falarem sobre as coisas boas que Jesus fez, mas manteve uma atitude de neutralidade. Até onde sabemos, ele não era nem a favor nem contra Jesus.

Até o dia em que a filha adoeceu. O fato de a menina ter morrido quando ele foi procurar ajuda indica que ele esperou até o último minuto para procurar Jesus, quando não havia mais esperança. Certamente o orgulho e os preconceitos que cercavam um líder da sinagoga impediam Jairo de ir pedir ajuda a alguém que não era reconhecido pelo sistema religioso da época.

Mas quando entendeu que perderia a filha e que não havia outra forma de salvá-la, Jairo finalmente abandonou o orgulho de sua posição e se sentiu motivado por sua necessidade. Ele precisava de Jesus agora, mesmo que isso lhe custasse sua posição como líder de uma sinagoga. Ele passou do nível de motivação pela posição para motivação por necessidade.

Ao receber a notícia de que a filha havia morrido, Jairo sentiu a dor de ter perdido tudo o que fazia sentido em sua vida, por isso perdeu a motivação na vida. Mas quando Jesus ouviu o que tinha acontecido, disse a Jairo: "Não temas. Tenha fé e ela será curada" (Lucas 8:41-50). Jairo resolveu acreditar e, minutos depois, voltou a abraçar a filha. Daquele dia em diante, o amor de Jesus encheu o coração de Jairo, e sua motivação espiritual não era mais sua posição ou sua necessidade. Sentiu-se motivado pelo amor ao seu Salvador.

Princípios Bíblicos da Motivação

1. A missão está acima da motivação pela posição – A liderança é muitas vezes motivada pelo desejo de posição ou pelo prestígio e autoridade do cargo, mas este é um nível inferior de motivação e não é suficiente nem aceitável para cumprir a missão da igreja. Jairo tinha prestígio como líder da sinagoga e, aparentemente, isso lhe dava uma sensação de satisfação pessoal. Mas o que lhe faltava essencialmente era um relacionamento pessoal com Cristo e um amor supremo pelo Salvador. Somente quando ele teve uma experiência pessoal com Cristo é que sua motivação passou para o mais alto nível.

2. A missão está acima da motivação pela necessidade – Todos os seres humanos são motivados por diferentes níveis de necessidade, e a satisfação dessas necessidades mantém a motivação para perseguir um ideal superior. Mas a busca da realização pessoal, por mais nobre que seja, não é suficiente para inspirar o compromisso com a missão da igreja.

3. A motivação última para a missão é o amor a Cristo – A única motivação genuína para a missão da igreja é o amor a Cristo e a paixão pela salvação das almas. Isto é o que o apóstolo Paulo tinha em mente quando disse: "Porque o amor de Cristo nos constrange" (2 Coríntios 5:14). O apóstolo Paulo deixa claro que sua motivação para a missão estava muito acima de qualquer posição ou necessidades e ambições pessoais. O amor de Deus elevou a motivação de Paulo para a missão a um nível tão alto que absolutamente nada no universo poderia afetar sua motivação:

> Porque estou certo de que, nem a morte, nem a vida, nem anjos, nem principados, nem coisas presentes, nem futuras, nem potestades, nem a altura, nem a profundidade, nem qualquer outra criatura nos poderá separar do amor de Deus, que está em Cristo Jesus nosso Senhor. (Romanos 8:38-39).

Fontes de Motivação na Liderança

Liderança e motivação são inseparáveis como duas faces da mesma moeda. De fato, para liderar, é essencial entender os fatores que motivam as pessoas e como satisfazer as necessidades fundamentais do ser humano. Existe uma força misteriosa que faz a diferença entre uma pessoa comum e uma pessoa altamente motivada, e o grande desafio para a liderança é que essa força misteriosa vem de dentro das pessoas e não de fora! A grande questão é: como despertar esse poder misterioso que existe dentro das pessoas? Em princípio, a motivação vem de dentro das pessoas, mas o líder pode ajudar a desenvolver um ambiente de trabalho que desperte essa energia interior do ser humano!

Mais do que tudo, é importante que o líder se conheça e tenha consciência de sua própria motivação para a liderança como parte do sentido de sua vida. As motivações das pessoas são diferentes, e a maneira de satisfazer a motivação varia de pessoa para pessoa. King, Altman, e Lee descrevem as seguintes cinco fontes de motivação de liderança que revelam por que a maioria das pessoas busca liderança: validação, recompensas, impacto, serviço e busca de significado. Todos esses fatores influenciam a motivação para a liderança. Adaptando e ampliando essas fontes de motivação, podemos descrever os seguintes fatores como as principais fontes de motivação para a liderança.

Validação – Validação é o sentimento de confirmação que você recebe de que pode liderar sentindo a resposta e reação das pessoas, bem como o sentimento de ser bem-sucedido em atividades de liderança.

Recompensas – As recompensas podem ser materiais e profissionais, como oportunidades de treinamento, viagens, aumento da responsabilidade e crescimento intelectual, além de recompensas psicológicas, como reconhecimento, satisfação pessoal e flexibilidade para tomar iniciativas no trabalho. Todas as recompensas são válidas, mas é importante que a motivação vá além da mera recompensa pessoal.

Desafio ao potencial humano – O desejo de fazer a diferença e causar um impacto significativo na vida dos outros e da organização é uma fonte de motivação para muitas pessoas. A oportunidade de causar impacto produz um senso de valor que tende a motivar o desejo de liderar e se sentir útil em uma esfera mais ampla. Desafiar o próprio potencial e o das pessoas por meio de projetos ousados e tarefas de alta responsabilidade desperta o senso de valor das pessoas e as motiva a liderar.

Busca de significado e necessidade de auto realização – A busca por sentido e propósito na vida tem sido fonte de motivação para muitos líderes, e é a busca por esse significado que pode transformar o trabalho em paixão ou vocação. A sensação de busca do sentido produz a convicção de estar no lugar certo fazendo a coisa certa, o que gera um senso de propósito definido capaz de superar adversidades e tragédias.

Serviço e amor por uma causa – O desejo de servir e ajudar as pessoas, em princípio, constitui um nível mais elevado de motivação para a liderança. Em contraste com o desejo hierárquico de exercer o poder, a motivação para o serviço é baseada em valores como colaboração, confiança, empatia e o uso ético do poder para ajudar os outros. O desejo de contribuir para uma causa maior e beneficiar a vida dos outros tem sido a mais poderosa fonte de motivação para a liderança. Aliás, essa tem sido a motivação dos grandes benfeitores da humanidade ao longo dos séculos.

Motivação versus manipulação – A pergunta natural a ser feita a um líder é: por que você quer ser um líder? Qual é a sua motivação para a liderança? Algumas pessoas são motivadas pelas recompensas da posição, como prestígio, status, reconhecimento, dinheiro e outros fatores. Outros podem ser motivados por um desejo de controle e dominância, o que pode levar a métodos inadequados, como a manipulação. Na verdade, a manipulação é o oposto da motivação e, no entanto, muitas pessoas usam a manipulação como uma suposta técnica de motivação. Aqui estão algumas formas muito comuns de manipulação:

- Sentimento de culpa – Fazer com que as pessoas lideradas se sintam culpadas caso não atinjam os objetivos propostos. Os líderes muitas vezes culpam aqueles a quem lideram pelo fracasso de uma organização.
- Ameaça – Intimidar com ameaças de punição com a intenção de atingir objetivos.
- Sarcasmo – Ridículo para menosprezar as ideias de outra pessoa.
- Humilhação – Tratar quem discorda como ignorante e inferior. Exemplo: "Se você soubesse o que eu sei, veria as coisas de forma diferente."
- Apelo – Implorar para sensibilizar os outros. Exemplo: "Posso contar com você pelo menos uma vez?"
- Chantagem Emocional – Colocar-se como vítima para forçar os sentimentos e a participação dos outros. Exemplo: "Se você não cooperar, pode prejudicar minha imagem na organização."
- Suborno – O suborno funciona como uma falsa motivação, e é mais comum do que você pensa, vindo muitas vezes disfarçado na forma de gratificação. Na educação, muitos pais subornam seus filhos para que se comportem bem ou tirem boas notas na escola, prometendo doces, chocolates e passeios.

Tipos de Motivação

Motivação Baseada no Desempenho

Um dos tipos mais frequentes de motivação é a motivação baseada em desempenho. Muitas pessoas são motivadas na vida pelo desejo de ter um desempenho melhor. É o caso de um aluno na escola que se sente motivado pelo desejo de tirar uma nota melhor, e de se sair melhor academicamente. Esses alunos geralmente tiram as melhores notas, mas nem sempre são os que mais aprendem, porque essa não é a melhor motivação para aprender. É também o caso do trabalhador que é motivado por obter uma promoção ou um aumento de salário. É uma motivação que funciona, mas não é a motivação que produz os melhores resultados. Essa é a motivação típica nos esportes, por exemplo, onde as equipes são motivadas pelo desejo de vencer e somar pontos. Se não pontuarem, o desempenho é considerado ruim e fraco. E depois de uma derrota, há frustração e desânimo. Todos os esportes são motivados pelo desempenho.

Quando era adolescente, eu estudei piano, e no final do ano tive que tocar uma peça na audição do conservatório. Era uma peça a quatro mãos, junto com meu irmão. Lembro-me como se fosse hoje. No primeiro banco do auditório estava o meu professor de piano, Prof. Elom, de saudosa memória: paletó e gravata, gel no cabelo, todo orgulhoso dos seus alunos. Mas havia um problema: eu nunca fui um bom estudante de piano, e estava ali apenas "motivado pelo desempenho!" Eu queria mostrar ao professor, aos pais e amigos, o meu desempenho pessoal como pianista, e queria ganhar alguns aplausos. No começo, a peça parecia um show, do jeito que a gente tinha ensaiado. Até que em certo momento tive dificuldade para acompanhar a partitura, e toquei uma tecla errada. Imediatamente, meu mau desempenho me deixou nervoso, e eu me perdi na partitura. De repente deu um branco, e aquele monte de bolinhas pretas se misturaram, e eu não sabia mais onde estava a música. Eu não conseguia ler a partitura e nem sabia tocar de memória. Se estivesse sozinho teria parado, mas como estava acompanhado, achei que não podia parar, e nem queria passar vergonha sozinho. Em pânico, e sem ter tempo para resolver o que fazer, comecei a bater desordenadamente em todas as teclas do piano, produzindo uma desarmonia infernal. Meu irmão começou a rir e também se desconcentrou. Daí para a frente eram dois descoordenados. O meu professor se retorcia de angústia e vexame. Até hoje não entendo por que não paramos de tocar. Tocamos até achar que a música tinha terminado. Depois, sorríamos para não chorar. Nunca passei tanta vergonha. Após o fiasco, alguns complacentes vieram dizer: Parabéns! Não adiantou nada: naquele dia encerrei a minha carreira de pianista.

O grande problema desse tipo de motivação é que, quando o desempenho não é satisfatório, o resultado é frustração e desânimo. Meu irmão e eu ficamos frustrados e paramos de tocar piano porque estávamos motivados apenas pelo desejo de um bom desempenho, e quando nossa performance foi insatisfatória, a motivação acabou. Esse também é o caso dos alunos que deixam de ser eficientes porque não conseguiram ser os melhores da turma. É também o caso de trabalhadores que se tornam profissionais medíocres e amargos porque não conseguiram a promoção esperada.

Na vida espiritual, a motivação pelo desempenho é uma tragédia. E a religião está cheia de pessoas motivadas pelo bom comportamento. São pessoas que se sentem bem por mostrar um bom comportamento religioso se sentem mal quando não conseguem. São pessoas que medem o sucesso espiritual deles e dos outros com base em normas e regras, e tendem a comparar as pessoas com base em quem se comporta melhor. No fundo, todos nós temos um pouco desse tipo de motivação. O grande problema desse tipo de motivação espiritual é que, quando não conseguimos cumprir todas as regras e manter o comportamento que consideramos ideal, perdemos a motivação espiritual e podemos passar o resto da vida criticando as ações de outras pessoas. O sintoma mais claro da motivação pelo desempenho religioso é criticar o comportamento dos outros!

No plano espiritual, a motivação pelo desempenho não funciona, porque ninguém será salvo pelo seu próprio desempenho espiritual, mas sim pelo desempenho espiritual de Jesus Cristo! Quem somos nós, se fomos salvos por nossas próprias ações? Ninguém seria salvo! Graças a Deus pelo desempenho espiritual de Jesus Cristo e pela esperança que ele dá àqueles que não se saem tão bem espiritualmente! Essa é a única esperança de salvação!

A grande questão é: Qual é a sua motivação espiritual? Se você é motivado pelo desempenho, você precisa procurar uma melhor fonte de motivação espiritual.

Motivação Baseada nas Necessidades

O próximo nível de motivação é a motivação baseada nas necessidades. É o caso do aluno cuja motivação para estudar é a necessidade de passar nos exames. O problema com esse tipo de motivação é que a pessoa sempre fará o mínimo de esforço possível para satisfazer a necessidade. Se a nota mínima para passar for um "C", o aluno receberá um "C" e ficará satisfeito com a nota de aprovação. Nesse tipo de motivação, sempre se aprende menos do que se poderia aprender.

Na vida profissional, é o caso do trabalhador cuja motivação para trabalhar duro é a sobrevivência. Ele consegue trabalhar até tarde, e acordar cedo na manhã do dia seguinte por causa da necessidade de sobreviver e cuidar da família, e essa necessidade motiva a pessoa a fazer qualquer tipo de sacrifício.

Motivação Baseada no Amor

O nível de motivação que produz os resultados mais duradouros vem de uma força interior com potencial para superar qualquer tipo de obstáculo. É o amor! Nada supera o amor como fator motivacional. Quando o assunto é aprendizagem, por exemplo, a motivação mais eficiente que pode existir é o amor ao conhecimento! Esse é o caso dos alunos que estudam, não para tirar a melhor nota ou por vontade de passar em uma prova. Estudam em busca de conhecimento. Estudam porque amam o conhecimento e querem aprender cada vez mais. Tais alunos terão uma experiência de aprendizagem superior, independente da nota que receberem, pois estudaram por amor ao conhecimento.

Da mesma forma, os melhores profissionais não são aqueles que trabalham por um bom salário ou por uma promoção, mas aqueles que amam o que fazem! Somente a motivação do amor pode levar a grandes realizações. Ninguém nunca realizou algo enorme na vida apenas pelo desejo de desempenho ou pela necessidade de um salário ou promoção. As pessoas que fizeram grandes coisas em favor da humanidade tornaram-se quem foram porque eram motivadas pelo amor a uma causa, e não por alguma recompensa material.

Em nossa vida espiritual, também, a única motivação que produz efeitos duradouros é a motivação de amar a Deus! Essa é a motivação que faz a diferença em nossa vida espiritual. É a única motivação que permanece quando nossas necessidades não são atendidas ou quando nosso desempenho é horrível. Foi essa motivação que produziu os mártires do evangelho e os grandes heróis da fé! Somente a motivação pelo amor pode produzir mártires, porque ninguém dá a vida por uma causa que não ama! Só essa motivação produz paz, mesmo diante dos maiores problemas da vida.

A Hierarquia das Necessidades de Maslow

Existem várias teorias construídas em torno da motivação baseada em necessidades. Há, inclusive, uma classificação das diferentes necessidades que vai desde as necessidades físicas até as psicológicas, como autoestima e auto realização. Abraham Maslow, por exemplo, construiu sua teoria da motivação com base no que chamou de hierarquia das necessidades humanas. Ele estudou a vida de várias pessoas bem-sucedidas na história, como Albert Einstein, por exemplo, comparando os fatores que influenciaram sua motivação. Ele também analisou as populações acadêmicas de várias universidades, usando como amostra os estudantes de elite que pertenciam ao grupo seleto de um por cento dos mais bem sucedidos academicamente, comparando os fatores motivacionais que influenciaram essas pessoas.

Em sua pesquisa, ele concluiu que a motivação é guiada pela existência de necessidades a serem satisfeitas e, a partir dessa conclusão, desenvolveu um modelo teórico em que as necessidades básicas (que ele chamou de fisiológicas) precisam ser satisfeitas antes que uma pessoa possa buscar satisfazer necessidades superiores, como a necessidade de autorrealização, por exemplo. Segundo ele, enquanto uma necessidade básica não for satisfeita, a pessoa não tem motivação para tentar satisfazer necessidades superiores, embora isso seja controvertido em estudos mais recentes.

Por outro lado, em sua hierarquia de necessidades, uma necessidade plenamente satisfeita não motiva mais uma pessoa, e essa pessoa passa a ser motivada a satisfazer uma necessidade superior de acordo com a hierarquia em seu modelo. A hierarquia de necessidades de Maslow é ilustrada com o que ele chamou de Pirâmide das Necessidades Humanas na seguinte escala:

Pirâmide das Necessidades de Maslow

A hierarquia original de necessidades de Maslow foi adaptada mais tarde para incluir níveis adicionais que ele encontrou para complementar seus estudos originais. Em suma, ele acabou com oito níveis de necessidades da seguinte forma:

1. Necessidades fisiológicas: O nível básico refere-se à necessidade de sobrevivência e inclui alimentação, respiração, vestuário, sono, sexo, água e necessidades gerais do corpo.

2. Necessidades de segurança: O segundo nível tem a ver com a estrutura e a ordem da vida, com a provisão de condições de vida como saúde, emprego, abrigo, propriedade e proteção.

3. Necessidades sociais: Depois das necessidades fisiológicas e de segurança, o terceiro nível inclui os relacionamentos em geral e o sentimento de pertencimento, amor e afeto, como família, amizade e intimidade.

4. Necessidades de autoestima: No quarto nível, todos os seres humanos precisam se sentir respeitados e valorizados, com senso de autoestima, valor pessoal, reconhecimento social e realização.

5. Necessidades cognitivas: As necessidades cognitivas envolvem a curiosidade humana natural de aprender, explorar, descobrir e desvendar o mundo ao seu redor. Esse é o nível de busca de conhecimento, significado e autoconhecimento.

6. Necessidades estéticas: Os seres humanos precisam do prazer e do prazer que vem com a beleza da natureza e do meio ambiente, a fim de desenvolver seu equilíbrio e senso de beleza, criatividade e expressão artesanal. Extrair a beleza do mundo tende a renovar a energia humana.

7. Necessidades de auto realização: Maslow primeiro estabeleceu isso como o nível superior de sua pirâmide de necessidades, que inclui a busca de propósito, crescimento pessoal e realização de todo o seu potencial. Segundo Maslow, menos de 2% da população atinge o nível de auto-realização.

8. Necessidades de autotranscedência: Mais tarde em sua pesquisa, Maslow acrescentou a autotranscedência como o nível final das necessidades humanas, focando na espiritualidade, no altruísmo e deixando um legado. Este nível conecta as pessoas a algo além de seu ego e seu eu individual, a fim de servir às necessidades dos outros como o sentido superior da vida. Em seus estudos, Maslow descobriu que apenas uma porcentagem muito pequena da população atinge esse nível. [89]

Essa teoria explica o processo pelo qual a motivação baseada em necessidades funciona, com implicações para diferentes áreas da vida. Em nossa vida espiritual, a motivação pela necessidade é a mais comum, e é uma realidade espiritual. Todos nós temos necessidades espirituais a serem satisfeitas. Todos nós precisamos de alimento espiritual, segurança, bem como afeto espiritual, reconhecimento e realização. Em certo sentido, somos todos espiritualmente motivados por nossas necessidades. Na maioria das vezes oramos porque esperamos que Deus proveja nossas necessidades. Mas uma limitação para esse tipo de motivação é que, se uma necessidade não é satisfeita, nos sentimos desanimados. Se alguém vai à igreja em busca de conforto e companhia espiritual, por exemplo, e não encontra, essa pessoa pode se sentir desanimada espiritualmente. Quando as pessoas não conseguem satisfazer as necessidades básicas, elas podem não se sentir motivadas a satisfazer necessidades superiores. Então, esse tipo de motivação não é suficiente para nossa vida espiritual. Faz parte da nossa vida espiritual, mas não é suficiente.

O que as Pessoas Precisam Para Ter Motivação

1. Saber o que vai acontecer com elas como pessoas e o que se espera delas.

2. Sentir que são desejadas e aceitas pelo que são.

3. Participar do planejamento do grupo e definição de metas.

4. Ter responsabilidades que as desafiem dentro de suas capacidades.

5. Acompanhar o desenvolvimento dos projetos e as metas estabelecidas.

6. Ter confiança na liderança e vê-la como competente e leal.

7. Perceber que a atividade faz sentido para elas.[90]

Atitudes que Despertam Motivação

1. Tenha sempre um desafio para si e para aqueles que lidera.

2. Respeite incondicionalmente seus subordinados, em sua presença e ausência

3. Não tenha favoritos pessoais

4. Ajude sempre seus subordinados a crescerem. Veja o valor de cada pessoa.

5. Reconheça e divulgue os méritos daqueles que você lidera. Não use a glória do grupo para si mesmo

6. Faça elogios específicos e honestos, sem comparar ou avaliar. Um bom elogio é um poder motivador.

7. Esteja presente na hora da decisão e não hesite em tomar uma decisão.

8. Mantenha os membros da sua equipe bem-informados. [91]

9

Liderança, Missão e Mudança de Paradigma

Jesus Cristo quebrou todos os paradigmas da sociedade de seu tempo e inverteu todo sistema religioso ao priorizar o amor como essência suprema e motivação da vida religiosa. Ele desafiou completamente o pensamento tradicional de que a religião era baseada em rituais e obediência cega a regras e doutrinas. Jesus também redefiniu o conceito de missão, estabelecendo o serviço altruísta para os seres humanos como o foco supremo de sua missão, ultrapassando um mero foco no proselitismo ou no catecismo. Por causa de seu impacto no pensamento filosófico, religioso, cultural e intelectual da humanidade, Jesus é considerado o maior líder de todos os tempos, a ponto de a história humana ser comumente dividida em duas eras, antes e depois dele.

A liderança de Jesus não foi limitada por nenhum tipo de barreira social ou religiosa. Diariamente caminhava pelas ruas empoeiradas das aldeias palestinas, cercado por multidões carentes, sempre com a suprema preocupação de aliviar o sofrimento humano e cuidar das necessidades físicas, emocionais e espirituais das pessoas ao seu redor. Seu interesse pelas pessoas ultrapassou os estritos limites da cultura popular da época e rompeu todas as barreiras do preconceito e da

142

discriminação social. Prova disso estava na atenção que ele dava aos pobres, estrangeiros e mulheres, que na época eram discriminados sem qualquer tipo de direito civil ou social. Na verdade,

As pessoas a quem Jesus voltou sua atenção são referidas nos evangelhos por uma variedade de termos: os pobres, os cegos, os coxos, os aleijados, os leprosos, os famintos, os miseráveis (os que choram), os pecadores, as prostitutas, os cobradores de impostos, os demoníacos (aqueles possuídos por espíritos do mal), os perseguidos, os oprimidos, os cativos, todos os que trabalham e são sobrecarregados, a escória que nada sabe da lei, as multidões, os inferiores, os últimos, os últimos, os fracos, ou as ovelhas perdidas da casa de Israel. A referência aqui é a uma parcela bem definida e inconfundível da população. Jesus geralmente se refere a eles como os pobres ou os pequenos; os fariseus referem-se ao mesmo povo como pecadores ou a ralé que nada sabem da lei. Hoje, alguns podem se referir a essa parcela da população como as classes mais baixas; outros os chamariam de oprimidos.[92]

A fim de fornecer ajuda real para atender às necessidades espirituais e emocionais das pessoas, Jesus se relacionou com elas em um nível pessoal, participando de seus eventos sociais, aceitando seus convites para comer juntos e desfrutando de sua companhia em um ambiente de amizade e camaradagem. Na Palestina e no Oriente Médio, "compartilhar uma refeição à mesa com alguém é uma forma particularmente íntima de associação e amizade. Eles nunca comiam, nem por educação, e bebiam com uma pessoa de classe ou status mais baixo ou com qualquer pessoa de quem desaprovassem. O escândalo que Jesus causou naquela sociedade ao misturar-se socialmente com pecadores dificilmente pode ser imaginado pela maioria das pessoas no mundo moderno." Foi esse envolvimento pessoal que permitiu que a liderança de Jesus tivesse um impacto irresistível nas pessoas simples ao seu redor, ao mesmo tempo em que entrasse em choque com os padrões da sociedade.[93]

Princípios Bíblicos de Mudança de Paradigma

1. **O paradigma bíblico quebra o preconceito e a discriminação** – Foi em um ambiente religioso de opressão espiritual e social que Jesus começou a quebrar paradigmas seculares e propor o novo paradigma de uma religião caracterizada pelo amor, inclusão e prioridade absoluta para cuidar das necessidades humanas. A relação

de Jesus com as pessoas socialmente marginalizadas rompeu com todos os padrões aceitos da época. Numa cultura onde as classes sociais não se misturavam, Jesus envolveu-se com os pobres e oprimidos a nível pessoal, para além de todos os limites da formalidade religiosa ou da etiqueta social.

2. O paradigma bíblico da liderança é baseado no amor – Jesus Cristo quebrou o paradigma da liderança pelo poder e dominação opressora e estabeleceu o paradigma superior da liderança pelo amor como a maior força do universo, capaz de provocar uma transformação real nas pessoas de dentro para fora, em contraste com o controle externo artificial imposto pela liderança do poder.

3. O paradigma bíblico restaura as pessoas à imagem de Deus – O bem-estar físico, emocional e espiritual das pessoas foi o propósito final do ministério de Cristo e do novo paradigma de liderança que ele implementou. Ao estabelecer o novo paradigma da compaixão, Jesus teve uma motivação superior para resgatar as pessoas do sofrimento em que viviam e restaurar nelas a dignidade humana e a imagem do Criador. Jesus via em cada pessoa o potencial para restaurar a imagem do Criador e, portanto, as pessoas eram a prioridade primordial de seu ministério.

4. O paradigma bíblico se concentra na missão – A missão de Cristo era salvar a humanidade e tudo o que ele fazia em seu ministério de pregação, cura e ensino visava a salvação das pessoas. Para Cristo, a mentalidade de missão governava a vida, e sua missão era sua vida. Regras, cultura, costumes, comportamentos, relacionamentos, padrões sociais, conceitos religiosos, tudo estava condicionado e precisava ser mudado e adaptado a uma única e suprema missão: a salvação dos seres humanos.

Mudanças de Paradigma na História

Ao longo da história, as mudanças de paradigmas mudaram o destino das nações e impactaram a vida de bilhões de pessoas. O rumo do mundo foi moldado em diferentes direções graças a líderes que ousaram quebrar velhos paradigmas. Um exemplo é o colapso da União Soviética. *Perestroika* e *glasnost* são duas palavras russas que descrevem bem a ideia de mudança, tendo como significados originais reestruturação e abertura. Mikhail Gorbachev popularizou ambos os termos em todo o mundo quando conduziu uma mudança radical de paradigma na União Soviética após setenta e quatro anos de regime comunista austero e controlador que roubou a liberdade da população e violou seus direitos humanos básicos. O sistema comunista negava ao povo o direito à propriedade, à liberdade de expressão, à mobilidade internacional e à oportunidade de iniciativa privada em atividades econômicas, tanto para a população russa quanto para outras nações comunistas ligadas ao regime soviético, como Alemanha Oriental, Tchecoslováquia, Polônia e outros países do Leste Europeu.

A liderança de Gorbachev em dar liberdade às repúblicas da União Soviética e em devolver autonomia aos seus cidadãos pouco a pouco foi maior do que ele poderia imaginar. Gorbachev acabaria por ver o seu poder político reduzido como resultado do projeto político que ele próprio desenhou. Mas essa perda de poder político é apenas uma prova do projeto superior de um líder que teve a coragem de colocar em risco seu próprio futuro político para acabar com a ditadura e dar liberdade ao seu povo.

Com essa visão de mudança, Gorbachev se projetou como um dos maiores líderes políticos do século 20, pelo impacto que teve no mundo inteiro ao trazer o fim da Guerra Fria e acabar com a ameaça de um conflito nuclear que tinha o potencial de destruir a humanidade.

Os líderes precisam desenvolver essa visão de mudança e aceitar o desafio de quebrar velhos paradigmas para pavimentar o caminho para o crescimento e o desenvolvimento de novas oportunidades a serviço das pessoas.

Modelos Mentais

No livro *Shadows of Neanderthal Man*, Hutchens conta a fábula de cinco homens das cavernas que nunca saíram da caverna porque se acostumaram com o estilo de vida da caverna e acreditavam que a porta da caverna era o fim do universo. Alguns diziam que fora da caverna havia um dragão que devoraria qualquer um que saísse da caverna. Outros alegaram que havia um deus furioso que puniria qualquer um que deixasse a caverna. Para evitar o perigo, eles chegaram a ficar de costas para a entrada da caverna, e interpretaram as sombras que se projetavam dentro da caverna, de algum eventual animal que passou, como sendo a única realidade, ou seja, a sombra era a realidade.

Para o povo das cavernas, a vida nas cavernas era a única verdade e eles estavam contentes com isso. Até que um dia, Boggie, um dos homens das cavernas, disse que estava se perguntando o que existiria fora da caverna, e se por acaso haveria mais comida fora da caverna. Depois de ser criticado e ridicularizado por questionar o paradigma de que a vida só existia dentro da caverna, Boggie começou a ser humilhado e atacado por seus amigos, até que acabou fugindo de seus amigos e indo para a porta da caverna pela primeira vez em sua vida.

Boggie notou que a vida fora da caverna era mais bonita, mais brilhante e cheia de muitos animais e coisas interessantes. Pouco depois, encontrou um sábio que o levou a uma torre alta de onde podia ver um campo povoado por búfalos, veados e ovelhas, onde os habitantes construíam lanças e flechas para caçar os animais. Em seguida, o sábio o levou para outra torre onde podia ver o lado oposto, cheio de pomares plantados com videiras, milho e outras árvores, onde os habitantes faziam cestas para a colheita, e não entendiam por que os outros tinham que viver caçando os animais. Diferentes opiniões e modelos mentais criaram um conflito entre aqueles que achavam que deveriam colher frutas e aqueles que achavam que deveriam caçar animais. O desfecho do conflito foi devastador.

Depois de uma longa conversa com o sábio, Boggie aprendeu que as pessoas formam modelos mentais e passam a viver de acordo com esses modelos mentais, incapazes de perceber que existem outros modelos mentais e outras formas de viver.[94]

Fatos sobre Modelos Mentais

Todas as pessoas têm modelos mentais de como o mundo funciona. É impossível não ter modelos mentais, pois psicologicamente precisamos deles para organizar nossa mente e nossa percepção. Em suma, Hutchens enumera sete princípios dos modelos mentais:

1. Todo mundo tem modelos mentais

2. Os modelos mentais determinam como vemos e o que vemos

3. Os modelos mentais orientam a maneira como pensamos e agimos

4. Os modelos mentais nos levam a tratar nossos pressupostos como fatos

5. Os modelos mentais são sempre incompletos

6. Os modelos mentais influenciam os resultados que alcançamos e

reforçam nossa crença nos próprios modelos mentais

7. Os modelos mentais muitas vezes continuam mesmo depois de se tornarem inúteis

Modelos Mentais na História

Alguns modelos mentais ao longo da História ilustram como os modelos mentais controlam nossa visão de mundo e limitam nossa capacidade de pensar e analisar. Vejamos alguns exemplos.

1. A Terra era plana e o Sol girava em torno da Terra – Até que Copérnico desafiou esse modelo mental e propôs o heliocentrismo, afirmando que a Terra girava em torno do Sol

2. A escravidão era aceita pela sociedade como necessária à economia dos povos civilizados – Até que os quakers em 1688 e outros abolicionistas ao redor do mundo desafiaram esse modelo mental e romperam com essa opressão em favor dos direitos humanos.

3. A Guerra Fria entre comunismo e capitalismo ameaçava destruir o planeta a qualquer momento – Até que Gorbachev e Reagan mudaram essa mentalidade com o desarmamento nuclear.

4. Ao longo da história, o conceito de liderança era visto como dominação e poder, até que a Liderança Servidora desafiou o paradigma tradicional e propôs um modelo de liderança baseado no serviço aos liderados.

Pressupostos sobre Liderança e Modelos Mentais

1. Líder tem que comandar

2. Os liderados devem obedecer

3. Líder tem que tomar todas as decisões

4. O líder tem que controlar o liderado

5. O líder tem que ser duro

6. Os liderados têm que ter medo do líder para obedecer

7. O líder não pode ser amigo de sua equipe

Dicas para sair da caverna dos Modelos Mentais

1. Admita que suas conclusões podem ser baseadas em suposições, não necessariamente em fatos evidentes.

2. Admita que sua maneira de pensar pode ter erros que você não vê.

3. Pergunte a outras pessoas se elas têm outra maneira de interpretar os dados ou se veem falhas em sua maneira de pensar.

4. Admita que outros possam tirar conclusões diferentes por causa do modelo mental diferente que têm e da lógica que veem.

5. Ouça como as outras pessoas explicam a maneira como pensam.

Implicação: Os líderes precisam ajudar as pessoas a enxergar outros modelos mentais para quebrar velhos paradigmas e fazer mudanças positivas.

Considerações sobre Mudança

1. A grande maioria das pessoas gosta de boas ideias, mas não gosta de mudança – "É mais fácil desintegrar um átomo do que mudar os hábitos das pessoas" (Albert Einstein).

2. Toda mudança é desconfortável.

3. Nenhuma mudança acontece sem resistência.

4. O próprio líder tem que superar sua resistência pessoal à mudança.

5. A única área da vida que não é passível de mudança são os princípios

6. Métodos e estratégias precisam ser constantemente alterados e renovados.

7. A mudança é uma condição de sobrevivência para qualquer organização atual.

8. A organização que não acompanhar as mudanças da temporada estará desatualizada

O Princípio de Pareto

O princípio de Pareto (também conhecido como regra 80/20) foi reconhecido pelo consultor americano Joseph Juran em homenagem ao economista italiano Vilfredo Pareto (1848-1923), da Universidade de Lausanne, na Itália, que em 1892 publicou um artigo mostrando que aproximadamente 80% das terras na Itália pertenciam a 20% da população. Aplicando o mesmo estudo a outros países, observou que o mesmo ocorreu na Rússia, França e Suíça, entre outros países. Inicialmente, Pareto desenvolveu o princípio observando que, em seu jardim, 20% das vagens produziam 80% das ervilhas. Em suma,

O princípio de Pareto vem da observação de que 20% das causas são responsáveis por 80% dos efeitos. Ou seja, no mundo dos negócios, 20% dos clientes são responsáveis por 80% do faturamento. Ao identificar esses 20% (os clientes mais importantes), as organizações podem prestar mais atenção a eles para economizar tempo e dinheiro.[95]

Em outras palavras, embora não seja uma regra absoluta, em termos gerais o princípio de Pareto se aplica a todas as áreas de atuação e pode ser muito útil para direcionar esforços para produzir mudanças, conscientizando e treinando os 20% dos liderados que são líderes de opinião comprometidos com os resultados. Alguns exemplos práticos de como o princípio funciona são:

1. 20% das pessoas produzem 80% dos resultados

2. 20% das pessoas fazem 80% do trabalho

3. 20% das pessoas tomam 80% das decisões

4. 20% das pessoas dão 80% do seu dinheiro (incluindo o dízimo)

5. 20% do nosso tempo dá 80% do resultado

6. 20% de um livro dá 80% do conteúdo

É curioso que mesmo na Bíblia o Princípio de Pareto parece se aplicar em alguns casos específicos. No caso dos espiões enviados por Moisés, por exemplo, Josué e Calebe, que deram um testemunho positivo, representam quase 20% dos doze espiões, ou 17% para ser mais preciso, enquanto os 83% restantes não contribuíram para o resultado desejado. Ou seja, em todos os contextos, é sempre importante identificar e investir na minoria mais produtiva como base para promover e fortalecer o processo de mudança.

Etapas do Processo de Mudança

1. Tenha uma visão da mudança e ore por ela

2. Converse com a pessoa chave da área

3. Conscientize sua equipe sobre a necessidade de mudança

- Apresente as vantagens
- Transmita segurança
- Garanta a preservação dos princípios

4. Use o princípio da proporção: conscientize os 20% que são formadores de opinião.

5. Implemente mudanças gradualmente, sem sensacionalismo, dentro da normalidade. A grande maioria segue sem questionar.

6. Assuma o risco da mudança e assuma a responsabilidade.

7. Não tenha medo de críticas e oposições, mas seja sensível a sugestões e contribuições.

Reflexão sobre Modelos Mentais

1. Compartilhe dois exemplos de modelos mentais comuns em sua organização

2. Compartilhe um modelo mental que precisa ser mudado em sua organização

3. 3. Compartilhe um modelo mental que precisa ser mudado em sua própria vida

---

10
Liderança, Missão e Mentoria

Não sabemos muito sobre a origem de Barnabé. Ele aparece pela primeira vez na Bíblia dando uma oferta à igreja. Em seguida, ele reaparece como líder e professor na Igreja de Antioquia. Barnabé era um professor acostumado à rotina acadêmica (Atos 13:1). Mas ninguém imaginava que as qualidades de Barnabé o tornariam um mentor e professor perfeito para desenvolver outros líderes.

Barnabé orientou Paulo para o ministério. Como professor, ele tinha tato e habilidade para lidar com pessoas, e se tornou um treinador de líderes. Mesmo quando Paulo foi rejeitado pelos outros discípulos que temiam sua reputação de perseguidor, Barnabé foi o apaziguador que deu a Paulo aceitação e credibilidade. Depois de trcinar Paulo, Barnabé quis incluir na equipe e orientar o jovem João Marcos, aspirante ao ministério. Paulo discordou de Barnabé. Quando Paulo rejeitou Marcos, Barnabé percebeu que Paulo estava pronto para ir para o ministério e decidiu que sua missão era orientar novos líderes para o ministério. Entre outras qualidades, Barnabé tinha o dom de acolher líderes rejeitados e desenvolvê-los para se tornarem aceitos pela igreja e poderosos no ministério. Foi assim que Barnabé se tornou o mentor de Marcos:

> Decorridos alguns dias, disse Paulo a Barnabé: Tornemos a visitar os irmãos por todas as cidades em que temos anunciado a palavra do Senhor, para ver como vão. Ora, Barnabé queria que levassem também a João, chamado Marcos. Mas a Paulo não parecia razoável que tomassem consigo aquele que desde a Panfília se tinha apartado deles e não os tinha acompanhado no trabalho. E houve entre eles tal desavença que se separaram um do outro, e Barnabé, levando consigo a Marcos, navegou para Chipre. Mas Paulo, tendo escolhido a Silas, partiu encomendado pelos irmãos à graça do Senhor. (Atos 15:36-41)

Depois de aprender com o professor e líder Barnabé, Marcos se tornou um líder missionário e, em seguida, foi o autor do Evangelho de Marcos, um best-seller que vendeu bilhões de cópias ao longo da história humana! Além disso, o Evangelho de Marcos tornou-se a fonte original para os outros dois Evangelhos de Mateus e Lucas. Provavelmente sem o livro de Marcos não teríamos nem o evangelho de Mateus nem evangelho de Lucas! Na superfície, parece que a produtividade de Barnabé era menor do que a de Paulo, mas sem Barnabé não teria havido nem o ministério de Paulo nem o de Marcos. Devido à sua liderança e orientação, Barnabé salvou o ministério de Paulo e mais tarde também salvou o ministério de Marcos. Se Paulo e Marcos eram gigantes, Barnabé era um construtor de gigantes. Se Paulo e Marcos se tornaram grandes líderes, Barnabé foi o mentor que treinou ambos os líderes!

Outro exemplo marcante da Bíblia é o profeta Daniel, que foi contratado como conselheiro pessoal de um imperador mundial. Depois de ser interrogado e interpretar um sonho do rei Nabucodonosor, o profeta Daniel foi nomeado conselheiro privado do rei e chefe de todos os sábios e magos do Império Babilônico! De acordo com a Bíblia, Daniel cumpriu sua missão dentro da corte real e coordenou todos os sábios e conselheiros do rei:

> Então o rei engrandeceu a Daniel, e lhe deu muitas e grandes dádivas, e o pôs por governador sobre toda a província de Babilônia, como também o fez chefe principal de todos os sábios de Babilônia. A pedido de Daniel, o rei constituiu superintendentes sobre os negócios da província de Babilônia a Sadraque, Mesaque e

Abednego; mas Daniel permaneceu na corte do rei. (Daniel 2:48-49).

Em suma, o rei não tomou nenhuma decisão importante sem consultar o profeta Daniel. Como de costume, Daniel orou a Deus pedindo sabedoria e aconselhou o rei sobre os assuntos do império.

Na história das missões, um grande líder e mentor de líderes foi Hudson Taylor, que passou mais de 50 anos na China como missionário, tradutor e médico. Ele ficou conhecido por seu respeito pela cultura chinesa, e foi criticado em sua Inglaterra natal por viver e se vestir como o povo chinês em seus esforços para se misturar com o povo e compartilhar o evangelho. Ele costumava viajar pelo país na companhia de outros missionários, fornecendo assistência médica gratuita onde quer que fosse, e ajudando a traduzir a Bíblia em vários dialetos chineses. Ao longo de sua vida, ele influenciou e encorajou mais de 1200 missionários a viajarem para a China para expandir e continuar o trabalho que ele havia começado.

Princípios Bíblicos de Mentoria

A grande questão é: se você é um líder espiritual, como você desenvolve outros líderes para expandir sua liderança? O que a Bíblia ensina sobre treinamento e desenvolvimento de líderes? Se você quer expandir sua liderança, aqui estão alguns princípios bíblicos e segredos sobre como desenvolver e orientar outros líderes.

1. **O companheirismo é a base da mentoria** – A maior técnica de treinamento e mentoria é o companheirismo. No treinamento, não há nada mais eficiente do que um relacionamento pessoal. É por isso que Jesus passava 24 horas por dia com seus discípulos, para que eles pudessem aprender na prática como Jesus liderava. Jesus viveu com eles, orou com eles, ensinou e interagiu com eles no ministério e na vida pessoal. Depois de apenas três anos e meio, os discípulos completaram um curso de treinamento de 24 horas por dia, 365 dias por ano! Até os momentos de descanso foram momentos de aprendizado!

Procure se misturar com sua equipe no trabalho, no lazer, nos eventos familiares e procure ouvir as histórias de vida de cada pessoa, buscando entender quem ela é e no que acredita. Aprecie e apoie os pontos fortes e fracos de sua equipe e descubra qual é a paixão deles na vida e no ministério, enquanto compartilha suas histórias de vida com sua equipe.

2. **Mentoria envolve reflexão pessoal** – Existem bons livros e boas ferramentas para se usar em treinamentos, mas é importante que todo treinamento inclua exercícios com questões de reflexão sobre desenvolvimento pessoal. As pessoas precisam se conhecer para crescer como líderes. Por isso, é importante utilizar testes de personalidade, discussão das qualificações dos líderes, exploração de valores pessoais, listas de dons espirituais e sempre pedir que as pessoas anotem suas experiências relacionadas aos temas apresentados. Todo treinamento deve incluir uma reflexão sobre a experiência pessoal dos participantes. Foi o que Jesus fez com suas parábolas, como por exemplo, na parábola do Bom Samaritano, quando perguntou: "Quem foi o próximo da vítima dos ladrões?" Jesus sempre chamava seus liderados à reflexão pessoal!

2. **Mentoria envolve uma grande visão** – Os líderes têm que ser sonhadores e idealistas. Os líderes têm que pensar em grandes possibilidades. Todos os projetos, grandes ou pequenos, começam com um sonho e uma imaginação, e com a crença de que o que é apenas uma ideia hoje pode se tornar realidade no futuro. É essa crença que sustenta os líderes nos bons e maus momentos. E o grande desafio da liderança é transformar uma possibilidade em uma visão realista e inspiradora. Então você tem que ter sua visão e compartilhar essa visão com novos líderes para que eles sejam inspirados a desenvolver sua própria visão. Foi o que Jesus fez quando disse: "Ide por todo o mundo e pregai o evangelho a toda criatura." A visão de Cristo abrangeu o mundo inteiro, em toda parte, e incluiu todas as pessoas do mundo. E essa foi a visão que ele inspirou nos discípulos.

3. **Mentoria envolve a delegação de grandes projetos** – Depois de conviver com sua equipe, receber o treinamento necessário e ajudá-los a desenvolver sua própria visão, é hora de colocar a responsabilidade nas mãos da equipe. Mas, em vez de distribuir pequenas tarefas, peça-lhes que desenvolvam grandes projetos e assumam a responsabilidade pelos resultados. Compartilhe o poder e o risco dos projetos com eles. Essa é a forma mais prática de desenvolver líderes. Os novos líderes devem ser motivados a tomar decisões com base naquilo em que acreditam e a construir um ambiente que desenvolva suas habilidades de execução e senso de autoconfiança. Ajude-os a se sentirem pessoalmente responsáveis

pelos resultados, bem como a se apropriarem de suas realizações. Foi exatamente isso que Jesus fez, enviando primeiro os doze discípulos, e depois mais 70 liderados, para a grande missão de pregar, curar, ensinar e fazer a mesma obra que Jesus fez.

Em outras palavras, a maior evidência de uma grande liderança é a capacidade de desenvolver novos líderes. Foi assim que Jesus transformou o mundo, permitindo que doze discípulos continuassem a mesma obra que ele começou. Se você quer ser um líder espiritual, siga o modelo de Jesus Cristo e desenvolva novos líderes!

Mentoria e Coaching

Embora existam diferenças de formato entre coaching e Mentoria, em essência ambas as funções têm o objetivo comum de desenvolver os membros da equipe através do relacionamento. É nesses papéis que o líder encarna seu papel supremo de desenvolver pessoas e reproduzir novos líderes.

Em suma, a diferença básica é que

mentoria é um processo de longo prazo baseado na confiança e no respeito mútuos. O coaching, por outro lado, é por um curto período de tempo. O Mentoria é mais focado em criar uma associação informal entre o mentor e o mentoreado, enquanto o coaching segue uma abordagem mais estruturada e formal. O coaching é mais voltado para o desempenho, projetado para melhorar o desempenho do profissional no trabalho. A mentoria é mais orientada para o desenvolvimento, olhando não apenas para a função atual do profissional, mas além, adotando uma abordagem mais holística para o desenvolvimento de carreira." [96]

Considerando o papel do relacionamento no processo de desenvolvimento de novos líderes, vamos focar no processo de forma holística e resumir a essência e o propósito do processo de Mentoria e coaching. O foco está na relação e no compromisso com o processo de descoberta e crescimento mútuos, como enfatizam diferentes autores.

Essa prática é antiga e sempre existiu com outros nomes e outros formatos. Ao longo da história, por exemplo, reis e governantes costumavam ter um conselheiro pessoal para guiá-los em decisões importantes, e os reis costumavam ouvir os conselheiros. Ainda hoje, governos e líderes em muitos países costumam ter conselheiros de confiança aos quais recorrem antes de tomar decisões importantes, embora isso seja feito muitas vezes de forma pessoal e informal.

Diferentes autores sugerem várias atitudes úteis no processo de crescimento do líder. DuBrin propõe que o líder atue como o treinador da equipe, o que proporciona um crescimento conjunto do líder e da equipe ao mesmo tempo. A palavra treinador traz a imagem de um treinador de uma equipe esportiva, que atua como companheiro, professor e mentor dos jogadores. Vários princípios básicos são comuns ao Mentoria e ao coaching ao mesmo tempo. No contexto da missão bíblica, vamos nos concentrar nos princípios que são comuns ao Mentoria e ao coaching, sem nos preocuparmos com as diferenças técnicas. Esses princípios são a essência do desenvolvimento do líder. Veja como DuBrin resume os princípios do Coaching, que se aplicam igualmente ao Mentoria:

1. Mentoria e Coaching representam uma mudança de paradigma em relação às formas tradicionais de gestão. Em vez de focar mais no controle, produtividade, ordem e cumprimento de tarefas, o líder se torna o amigo, companheiro e "técnico" que convive lado a lado com a equipe, compartilhando seus sucessos e fracassos.

2. Mentoria e coaching focam seus esforços em capacitar os indivíduos, fazendo-os crescer como pessoas e, consequentemente, como profissionais, o que os leva a contribuir de forma mais plena e produtiva. O líder-mentor está mais preocupado em desenvolver os membros da equipe do que em controlar seu comportamento ou supervisionar seu Trabalho. Mentoria e coaching exigem uma alta qualidade de relacionamento entre o líder-mentor e a equipe, uma vez que a relação não é baseada em hierarquia, mas em companheirismo, amizade e aprendizado entre líder e membros da equipe.

4. Mentoria e coaching exigem um alto grau de risco interpessoal e confiança de ambas as partes no relacionamento. Confiança porque não pode haver uma relação de amizade e companheirismo se houver algum traço de desconfiança mútua ou vigilância por parte do líder. Risco porque toda confiança é passível de traição, mas o líder se propõe a correr esse risco pela riqueza da relação.

5. Mentoria e coaching são uma interação entre duas ou mais personalidades diferentes com influência direta na atitude pessoal. Em

outras palavras, o líder parte de um relacionamento pessoal, em um processo de crescimento pessoal mútuo, que resultará em relacionamento, desenvolvimento e desempenho profissional.[97]

Estratégias Úteis no Processo de Mentoria

1. Forneça *feedbacks* específicos — No contexto de um bom relacionamento, o líder deve conversar abertamente com os liderados, apontando quais atitudes, habilidades e comportamentos específicos são positivos e quais podem ser elevados a um desempenho superior.

2. Ouça atentamente a pessoa que está sendo conduzida – Um liderado atento busca captar fatos e sentimentos, observando a comunicação não verbal e sendo receptivo à mensagem que o outro quer comunicar. Isso, claro, inclui paciência e abertura para ouvir opiniões contrárias.

3. Forneça apoio emocional – Com uma atitude construtiva e um interesse real em ajudar, o líder fornece o apoio emocional necessário quando um membro da equipe precisa melhorar o desempenho. Em vez de usar uma abordagem de interrogação, o líder transmite apoio oferecendo sugestões e motivação positiva.

4. Responda aos sentimentos e emoções do subordinado – Um bom líder atua como um conselheiro profissional, refletindo e respondendo aos sentimentos da equipe e fornecendo feedback imediato quando emoções e sentimentos são expressos. Mesmo sem concordar com tudo, o líder pode dizer com simpatia: "Eu entendo como você está se sentindo e entendo sua preocupação."

5. Combine o conteúdo e o significado das mensagens — Combinar o conteúdo das mensagens tem a ver com o comportamento intelectual e cognitivo dos liderados. Uma maneira eficiente de fazer isso é repetir, em outras palavras, um comentário ou reclamação dos membros da equipe, demonstrando que você entende exatamente os motivos de algo que pode estar incomodando o membro da equipe.

6. Forneça conselhos e orientações construtivas – O excesso de conselhos tende a bloquear a comunicação, por isso o líder precisa ser sábio ao aconselhar. Por outro lado, nenhum conselho revela negligência. O segredo é aconselhar com moderação quando há uma necessidade real, geralmente quando a pessoa que está sendo liderada procura conselho ou quando surge um impasse que requer orientação

específica para resolver determinado problema.

7. Forneça exemplos de desempenho e comportamento desejados – Uma estratégia eficaz de mentoria é mostrar à equipe exatamente o que constitui um comportamento ou atitude desejável. Se houver um problema com um cliente, por exemplo, o líder pode ligar para o cliente diretamente, na presença da equipe, para ilustrar ao vivo como ele gostaria que aquele problema fosse resolvido. Esses exemplos vivos tendem a elevar o desempenho da equipe.

8. Busque um compromisso com a mudança – Seja melhorando o desempenho ou buscando uma nova estratégia, a equipe deve estar sempre mudando para melhor. Duas etapas são muito úteis no processo de mudança: primeiro, um consenso da equipe sobre a necessidade de mudança; segundo, um compromisso da equipe em se esforçar para implementar a mudança desejada.[98]

Em outras palavras, mentoria consiste em amar as pessoas e ser amigo daqueles que estão sendo liderados, de tal forma que o líder transmita toda a sua experiência e orientação profissional para a equipe através de uma relação de amizade e confiança mútua. Por isso, a mentoria, do início ao fim, nada mais é do que uma relação de amizade, uma paixão pelo crescimento de quem está sendo liderado e pelo desenvolvimento profissional mútuo.

11
Liderança, Missão e Tomada de Decisão

O rei Salomão deu um show de tomada de decisão correta. Naquela época, fazia parte da agenda dos reis julgar a causa das questões populares, e duas mulheres criaram uma disputa para que o rei decidisse entre as duas. Eram duas prostitutas que moravam na mesma casa e ambas tinham um bebê e dormiam com o bebê na cama.

Certa noite, uma delas se deitou descuidadamente em cima do bebê, que morreu asfixiado. Percebendo de madrugada, ela trocou seu bebê morto pelo bebê vivo da outra enquanto dormia. Mas, ao acordar, a verdadeira mãe reconheceu que o bebê morto não era seu bebê.

Ambas foram até o rei Salomão para que ele decidisse a disputa. Depois de ouvir sua história, sem acordo, o rei pediu uma espada para dividir a criança ao meio e dar metade a cada uma: "E disse o rei: Dividi em duas partes o menino vivo: e dai metade a uma e metade a outra. Mas a mulher cujo filho era o vivo falou ao rei (porque o seu coração se lhe enterneceu por seu filho) e disse: Ah! Senhor meu, dai-lhe o menino vivo e por modo nenhum o mateis. Porém a outra dizia: Nem teu nem meu seja; dividi-o antes." (1 Reis 3:25-26).

Em lágrimas, a verdadeira mãe implorou ao rei que deixasse o bebê vivo nas mãos da outra, para não tirar a vida da criança, enquanto a outra mulher concordou com o rei e pediu ao rei que procedesse com a sentença de justiça. Entre as duas alternativas, o rei analisou a reação de ambas as mulheres e decidiu que o bebê pertencia à mãe que tinha sentimentos. É por isso que ele ordenou que o bebê fosse entregue vivo para a mãe real!

Princípios Bíblicos da Tomada de Decisão

1. **Decisões sábias são baseadas na Justiça** – Ter um filho naquela época era mais do que ter alguém para amar e receber amor. Além do afeto e carinho familiar, um filho era garantia de segurança e posição social no futuro para qualquer mulher solteira que não tivesse a proteção de um marido. Como era costume na época, as mulheres não tinham direito legal à propriedade ou herança. Toda herança era passada do pai para os filhos do sexo masculino de geração em geração. Ter um filho era o sonho de toda mulher, e aquele menino era a realização de todos os sonhos daquela pobre mãe.

Imediatamente Salomão sentiu que não podia errar e cometer uma injustiça. Como rei e juiz do povo, Salomão sabia que o critério número um para qualquer decisão judicial é nada menos do que a justiça absoluta. Perspicaz, o rei elaborou um dilema e simulou um jogo de poder que o ajudou a perceber a intenção maliciosa e injusta da mulher que tentou fingir a maternidade.

2. **Decisões sábias são baseadas na compaixão** – Com sua sabedoria, Salomão analisou os sentimentos de ambas as mulheres. Ele estudou cuidadosamente a linguagem corporal de cada um deles. Ele observava suas palavras e seu tom de voz. Ele observou os olhos das duas em resposta ao dilema que propôs dividir a criança ao meio. Com fina sensibilidade, o rei percebeu a profunda dor da verdadeira mãe, e sentiu seu coração partido quando a verdadeira mãe abriu mão do afeto e da segurança social e financeira que a criança representava, para garantir à criança a vida e a oportunidade de construir um futuro promissor e deixar um legado para a humanidade. Com profunda compaixão e sabedoria divina, o rei proferiu a sentença final: "Então, respondeu o rei e disse: "Dai a esta o menino vivo e de maneira nenhuma o mateis, porque esta é sua mãe." (27).

3. **Decisões sábias visam ao bem maior das pessoas** – O rei percebeu que a verdadeira mãe não pensava em si mesma, mas na vida e no bem-estar da criança. Como juiz do povo, o rei sabia que o bem-estar do povo era o objetivo supremo de qualquer decisão judicial. O retorno do bebê à mãe real significou a restauração de uma família, a garantia de afeto e cuidado materno com a criança, o respeito à vida, a valorização dos valores familiares e uma lição de vida para toda a sociedade e a nação na defesa da família como um bem maior a ser preservado e honrado. Muito mais estava em jogo do que um bebê ou o desejo de duas mulheres. O que estava em jogo naquela decisão judicial eram os valores morais e éticos da família e o bem maior de todas as pessoas!

4. **Decisões sábias vêm da sintonia com Deus** – Muito antes de ter que julgar a disputa entre as duas mulheres, Salomão teve uma conversa com Deus. Naquela conversa, Deus ofereceu a Salomão tudo o que ele queria pedir como um presente especial de Deus. Essa oferta não tinha limites: "Naquela mesma noite Deus apareceu a Salomão, e lhe disse: Pede o que queres que eu te dê." (2 Crônicas 1:7). Salomão pensava em tudo o que um governante precisaria para ser politicamente bem-sucedido: poder, prestígio, riqueza, equipamento militar e domínio sobre todos os inimigos. Depois de uma reflexão cuidadosa, Salomão pediu sabedoria, e a resposta de Deus foi ilimitada:

> Dá-me, pois, agora sabedoria e conhecimento, para que eu possa sair e entrar perante este povo; pois quem poderá julgar este teu povo, que é tão grande? Então Deus disse a Salomão: Porquanto houve isto no teu coração, e não pediste riquezas, bens ou honra, nem a morte dos que te odeiam, nem tampouco pediste muitos dias de vida, mas pediste para ti sabedoria e conhecimento para poderes julgar o meu povo, sobre o qual te fiz reinar, sabedoria e conhecimento te são dados; também te darei riquezas, bens e honra, quais não teve nenhum rei antes de ti, nem haverá depois de ti rei que tenha coisas semelhantes. (2 Crônicas 1:10-12).

Salomão percebeu que, para tomar decisões sábias, ele precisaria estar em sintonia com a sabedoria de Deus. Foi essa sabedoria que Salomão usou para julgar as duas mulheres, e foi essa sabedoria que o tornou o rei mais sábio de todos os tempos! A sintonia com Deus é um princípio bíblico essencial para tomar decisões sábias.

A história do rei Salomão proporciona uma reflexão impressionante sobre como tomar decisões difíceis. Salomão seguiu todos os passos para tomar boas decisões: tinha um objetivo, analisava as duas alternativas com base nas informações obtidas, tomava a decisão certa e implementava a decisão que tomava.

O Impacto da Tomada de Decisão na História

Para ilustrar o impacto da tomada de decisão, vamos considerar os resultados de decisões certas e erradas ao longo da história.

Decisões Erradas que Marcaram a História

Algumas decisões erradas ficaram famosas na história por seus resultados desastrosos. Alguém disse que a história nada mais é do que uma sucessão de decisões erradas com algumas decisões certas de vez em quando! Vejamos alguns exemplos:

• Aceitar o Cavalo de Tróia – Homero e outros historiadores do passado relataram algumas façanhas da antiguidade. De acordo com a lenda, após uma década de guerra malsucedida, os gregos fingiram desistir da guerra, e deixaram um enorme cavalo de madeira como presente nos portões da cidade de Tróia. Os troianos decidiram aceitar o presente como símbolo de vitória, abriram os portões da cidade e introduziram o cavalo, sem saber que estava cheio de soldados gregos, que à noite saíram e abriram os portões da cidade para o exército grego entrar. Que decisão desastrosa dos troianos! Um verdadeiro presente de grego!

• Na área militar, podemos lembrar de outra decisão trágica na história, que foi a invasão da Rússia por Napoleão. Em junho de 1812, Napoleão invadiu a Rússia com 600.000 soldados, uum dos maiores exércitos da história até agora, planejado para vencer em 30 dias e retornar como conquistador antes do inverno. Mas não houve tempo, e o rigoroso inverno russo chegou, e o exército de Napoleão não estava preparado. Não havia combustível, a comida era escassa, não havia remédio para epidemias, e Napoleão foi derrotado, e acabou retornando com apenas 100 mil homens perseguidos pelos russos. Meio milhão de soldados morreram.

• Invasão da Rússia por Hitler - Repetindo o erro de Napoleão, em junho de 1941, Adolf Hitler decidiu romper o pacto de não agressão assinado entre a Alemanha e a União Soviética, invadindo a Rússia com um exército de mais de 3 milhões de pessoas. homens,

7.000 peças de artilharia, 3.000 tanques e 2.500 aeronaves. Tudo pronto para uma vitória rápida. Pegos de surpresa, os russos sofreram derrotas sangrentas, mas Josef Stalin resistiu por dois anos e, mais uma vez, com a ajuda do rigoroso inverno russo, conseguiu derrotar os alemães. Mais de um milhão de soldados morreram de cada lado, além de milhões de prisioneiros de guerra. Graças a essa decisão errada, Hitler perdeu a Segunda Guerra Mundial.

• O naufrágio do Titanic – Em 1912, o grande navio Titanic afundou matando cerca de 1500 passageiros da elite britânica. Estudos em navegação marítima indicam que o desastre ocorreu porque o timoneiro tomou a decisão errada de dar a volta no iceberg do lado mais arriscado e, quando quis corrigir, não houve mais tempo. Você conhece o filme do maior desastre naval da história.

As Grandes Decisões Políticas da História

E quais foram as grandes decisões que tiveram impacto positivo na história política da humanidade? Vejamos alguns exemplos:

• A queda do Muro de Berlim - Em 1989, após 28 anos de existência dividindo a Alemanha e separando famílias, o Muro de Berlim foi derrubado, reunificando a Alemanha e pondo fim à Guerra Fria entre comunismo e capitalismo. A decisão foi tomada como resultado das negociações políticas de Mikhail Gorbachev com o mundo ocidental. Uma decisão que praticamente acabou com o risco da Terceira Guerra Mundial.

• O fim do Apartheid – Instituído oficialmente em 1948, o regime Apartheid proibiu os negros na África do Sul de votar e de ir a áreas habitadas por brancos, sob pena de prisão e violenta repressão policial. Em 1990, o presidente sul-africano De Klerk suspendeu a proibição e libertou Nelson Mandela, que lutou contra o apartheid a vida toda. Mandela se tornou o próximo presidente, e os dois ganharam o Prêmio Nobel da Paz em 1993. Uma decisão que mudou a história da África e da humanidade.

• Canal do Panamá – O presidente dos Estados Unidos, Theodore Roosevelt, decidiu criar o Canal do Panamá como uma rodovia da civilização que ligaria os oceanos Atlântico e Pacífico e permitiria que navios comerciais e militares evitassem a demorada e custosa viagem de 14.000 milhas pela América do Sul. Uma das melhores decisões políticas da história.

• Criação da Previdência Social – A primeira Constituição do mundo a incluir a previdência social em seu núcleo foi a do México, em 1917, seguida por outros países.

Métodos de Tomada de Decisão

Na prática, qual o melhor método para tomar boas decisões?

Em resumo, existem basicamente três métodos de tomada de decisões administrativas:

• O método autocrático, em que a decisão é tomada apenas pelo líder

• O método participativo ou democrático, em que a decisão é compartilhada com todo o grupo

• O método laissez-faire, em que o líder permite total liberdade aos liderados para tomar decisões, só interferindo quando solicitado.

Vamos nos concentrar nos dois métodos mais usados, que são o autocrático e o democrático. Esses dois métodos são subdivididos em vários níveis, e a decisão nem sempre é uma ou outra, mas às vezes pode ser uma mistura de métodos. Vejamos os diferentes níveis entre esses dois métodos:

Método Autocrático – O líder toma a decisão sozinho, com base nas informações que possui. Esse método pode funcionar bem em emergências, mas é muito limitado quando há múltiplos interesses em jogo.

Método Autocrático Disfarçado – O líder obtém as informações necessárias dos liderados e decide a melhor solução, com base nas informações obtidas. Ou seja, a decisão final fica com o líder!

Método semi-autocrático – O líder compartilha o problema com alguns liderados importantes individualmente e recebe ideias e sugestões, e então toma a decisão final. Mais uma vez, a decisão final cabe ao líder!

Método Democrático Parcial – O líder compartilha o problema com todo o grupo coletivamente, recebendo ideias e sugestões, e então tomando a decisão final. A este nível, o líder já envolve todo o grupo, mas a decisão final cabe ao líder.

Método Democrático – Por fim, vem o método democrático, em que o líder discute o problema com o grupo, e juntos geram ideias, avaliam alternativas e buscam consenso sobre a solução do problema.

- O líder não pressiona o grupo a adotar as ideias pessoais do líder.
- Pelo contrário, o líder implementa a solução que tem a participação e o apoio de todo o grupo, e que representa o pensamento da maioria.

A grande questão é: qual o melhor método de tomada de decisão?

Voltando aos exemplos que mencionamos no início, chegamos a uma conclusão surpreendente: todas as decisões erradas que mencionamos foram tomadas autocraticamente pelo líder, e todas as decisões certas foram tomadas democraticamente pelo grupo!

Por exemplo, vamos verificar as decisões erradas:

Segundo a lenda, o rei de Tróia, chamado Príamo, decidiu aceitar o cavalo como símbolo de sua vitória, apesar das advertências de sua filha, a princesa Cassandra, que foi considerada louca por discordar do rei. Resultado? Derrota por decisão arbitrária do rei!

A invasão da Rússia por Napoleão foi uma decisão autocrática do ditador francês, que confiava apenas em seu poder como o maior soberano da época. Resultado? Derrota!

O naufrágio do Titanic deveu-se a vários fatores, mas a decisão final foi tomada apenas pelo timoneiro, que decidiu desviar para o lado mais arriscado.

Agora, veja como as decisões certas foram tomadas em grupo:

- A derrubada do Muro de Berlim foi um acordo internacional entre Mikhail Gorbachev da União Soviética, Ronald Reagan dos Estados Unidos, Margareth Thatcher da Inglaterra e o chanceler alemão Helmut Kohl, que juntos decidiram mudar a história da humanidade.

- Da mesma forma, o Canal do Panamá começou a ser construído pela França em 1881, e mais tarde foi tomado pelos Estados Unidos em 1904, com o apoio da Colômbia, que na época controlava a região do canal.

Em outras palavras, se você quer tomar as melhores decisões, reúna sua equipe, discuta com seu grupo, aproveite a variedade de ideias e tome uma decisão com a participação e apoio de todo o grupo.

Passos na Tomada de Decisão

Seja qual for o seu estilo, o processo de tomada de decisões envolve seis etapas fundamentais que determinam a qualidade das decisões.

Passo 1: Estabeleça os Objetivos da Decisão

• Os objetivos determinam a direção e o foco do processo de tomada de decisão. São eles que guiam o processo, fornecendo motivação para a busca de objetivos.

• Os objetivos precisam ser práticos e realistas, considerando as condições da organização. Por exemplo, se você tem uma pequena organização, pode até sonhar em competir com uma multinacional, mas não é realista fazer disso seu primeiro objetivo.

• Os objetivos precisam ser mensuráveis e buscar resultados concretos. Por exemplo, se o seu objetivo é aumentar as vendas, é importante que você estabeleça o percentual de aumento e o tempo estimado para atingir essa meta, como por exemplo, aumentar 20% em um ano.

• Os objetivos precisam ser flexíveis e se adaptar ao contexto da organização e às flutuações do mercado

• Os objetivos precisam levar em conta o custo-benefício do projeto

Passo 2: Procure Alternativas

Depois de ter os objetivos, agora é hora de pensar em quais opções você tem.

• Que tipo de projetos têm potencial para atingir os objetivos

• Exemplo: se o objetivo é aumentar o lucro, quais novas linhas de produtos poderiam ser consideradas?

• Se o objetivo é melhorar o atendimento ao cliente, que estratégias estão faltando que poderiam ser adicionadas?

Passo 3: Compare e Avalie Alternativas

Agora é hora de analisar cada alternativa. Por exemplo:

• Qual a relação de causa e efeito de cada alternativa? Se você escolher um deles, quais são as implicações?

• Quais as vantagens e desvantagens de cada alternativa

• Qual o impacto de cada alternativa no ambiente interno e externo da organização

Passo 4: Escolha a Melhor Alternativa

• Após considerar as alternativas, escolha a decisão que melhor atinja os objetivos, com base nas informações obtidas

• Consulte a opinião de profissionais experientes na área

• Resista à ilusão de alternativas atraentes que não condizem com o contexto da organização

Passo 5: Implemente a Decisão

• Uma vez tomada a decisão, planeje as etapas para implementá-la, ou seja, decida por onde vai começar

• Estes são os passos que transformarão a decisão escolhida em uma realidade prática

• Conscientize a equipe sobre as implicações da decisão tomada e como a nova decisão impactará e mudará a cultura da organização

• Aplique a decisão tomada a todos os setores da organização desenhando um novo curso de ação. A decisão não pode ficar apenas na cabeça do conselho.

Passo 6: Acompanhe a Implementação

Mas o sucesso de uma decisão não termina quando ela é implementada. Para ter sucesso, é preciso acompanhar a decisão.

• É necessário preparar-se para assumir os riscos decorrentes da decisão tomada e monitorar o impacto desses riscos

• Periodicamente, você tem que reavaliar o novo curso de ação à luz dos objetivos propostos

• Os resultados alcançados precisam ser comparados com a expectativa dos objetivos originais

• Adaptar e reajustar o novo curso de ação em alinhamento com os objetivos

• E os objetivos em si têm que ser periodicamente revisados diante das constantes mudanças do mercado e da demanda dos clientes

---

Resolução de Conflitos

Causas do conflito

• Diferenças de personalidade

• Busca de interesses pessoais

• Confusão de papéis - omissão ou intrusão na área de outros

• Comunicação inadequada - interpretação incorreta do pensamento ou das declarações de outra pessoa

Níveis de conflito

• Nível de problemas – O foco está em problemas específicos e não em soluções.

• Nível de autoproteção – O problema se torna secundário, e os envolvidos se protegem.

• Nível de disputa – Os envolvidos se preocupam em vencer e fazer prevalecer seus pontos de vista. O julgamento dos outros ocorre e os pontos de vista são apresentados como fatos.

Como negociar conflitos

1. Separe as pessoas do problema – Trate as pessoas como pessoas e os problemas como problemas. As pessoas podem ser bem-intencionadas, mesmo discordando totalmente sobre um assunto.

2. Concentre-se em interesses, não em posições – Interesses são o que as pessoas querem por trás da posição que assumem. Se discutirmos posições, fortaleceremos os partidos adversários. Em vez disso, podemos conciliar o que eles querem, mesmo que mantenham as posições que tomaram.

---

3. Esvazie o conteúdo emocional do problema – Em vez de discutir quem tem razão, procure analisar as causas do problema, buscando uma solução.

4. Crie opções para o sucesso mútuo (princípio Win-Win) – O melhor negócio é o que funciona para ambas as partes. O ideal é encontrar uma alternativa em que ambas as partes se sintam vitoriosas.

5. Use critérios objetivos – Exemplo: em vez de discutir despesas com base em valores absolutos, estabeleça um percentual do orçamento.

12
Liderança e Missão Feminina

A rainha Ester veio de uma infância pobre, sem pai e sem mãe, e se tornou rainha do Império Persa, o império mundial que dominava o mundo conhecido na época. Ninguém sabia da liderança de Ester, até que veio uma crise, e o rei Assuero emitiu um decreto para matar todos os judeus do império, destruindo o povo a quem ela pertencia. E ela era a única pessoa que tinha alguma chance de interceder por seu povo.

Na cultura da época, ninguém podia visitar o rei sem ser convidado, correndo risco de pena de morte, inclusive a rainha! Foi aqui que Esther usou suas habilidades de liderança para mudar a história. E o resultado foi que o rei emitiu outro decreto dando aos judeus o direito de defesa e proteção contra seus inimigos!

Princípios Bíblicos de Liderança Feminina

A experiência de Ester revela alguns princípios que estão implícitos na liderança feminina. Em resumo, vejamos alguns princípios bíblicos que fazem parte da liderança feminina:

1. **A liderança feminina envolve espiritualidade** – Como líder da fé, antes de tudo, Ester pediu a todo o povo que se unisse a ela em jejum e oração pela sabedoria de Deus para sua missão de liderança. Sua liderança espiritual é visível ao ela se dedicar à oração com sua equipe de damas no palácio, e influenciar todo o seu povo a orar pela sabedoria e proteção divinas:

> De novo Ester mandou-os responder a Mardoqueu: Vai, ajunta todos os judeus que se acham em Susã, e jejuai por mim, e não comais nem bebais por três dias, nem de noite nem de dia; e eu e as minhas moças também assim jejuaremos. Depois irei ter com o rei, ainda que isso não é segundo a lei; e se eu perecer, pereci. (Ester 4:15-16).

2. **Liderança feminina envolve determinação** – O risco era muito alto. A rainha anterior, Vasti, foi destituída da posição de rainha porque não seguiu o protocolo imperial e se recusou a seguir a ordem do rei. Agora, a nova rainha voltou a quebrar o protocolo. Ela sabia o quanto era arriscado, mas com determinação e fé, decidiu seguir em frente com sua missão. Mesmo correndo o risco de morte, ela decidiu visitar o trono do rei sem agendamento prévio, e disse com determinação: "Irei,... e se eu perecer, pereci." (Ester 4:16).

3. **A liderança feminina envolve intuição espiritual** – Podemos ver a intuição e a sabedoria de Ester ao se aproximar do rei sem ter um agendamento oficial. Ela não sabia o resultado, mas confiava que Deus lhe daria sabedoria, atração, charme e encantamento para se aproximar do rei. E quando o rei estendeu o cetro da aceitação, ela não pediu um decreto de proteção ou ação imediata. Em vez disso, por intuição, ela convidou o rei para um banquete! Ao final do banquete, ela convidou o rei para um segundo banquete. Ela sabia por intuição que através dos banquetes, ela conquistaria o coração do rei!

Exemplos de Liderança Feminina na Bíblia

A Liderança Estratégica de Débora

Débora era mais do que uma líder política, uma pregadora, ou uma pastora de igreja. Sua liderança e ministério incluíam tudo isso e muito mais. Como profetisa, ela era a líder espiritual do povo. Como juíza de Israel, ela exerceu o papel de governante da nação. Com esse duplo ministério, Débora exerceu autoridade religiosa, política, judicial e militar sobre a nação de Israel. Ela era líder da igreja e comandante do exército. Com sabedoria, ela montou uma estratégia de guerra que derrotou os cananeus, inimigos tradicionais de Israel, e sob seu governo, o povo desfrutou 40 anos de prosperidade econômica, segurança nacional, estabilidade política, fidelidade espiritual e uma paz estável entre as nações ao redor.

Além de corajosa, Débora era estrategista. Ela montou a estratégia de guerra para libertar o povo de Israel e nomeou Barak como general do exército. Mas sabendo da liderança e influência de Débora, o general Barak impôs uma condição. Ele disse que só aceitaria se Débora fosse com ele para a batalha. E a resposta de Débora não decepcionou, e ela se comprometeu a acompanhar o comandante do exército para a batalha. Em outras palavras, como líder, Débora teve coragem para assumir riscos, determinação para aceitar desafios e estratégia para conduzir um exército.

Deve-se notar que, além de sua liderança pública, a Bíblia deixa claro que Débora também era casada e mãe de família, cujo marido se chamava Lapidote (Juízes 4:4). Em outras palavras, mulheres com responsabilidades familiares também podem desenvolver um grande projeto de liderança para a vida pública e para a igreja!

A Liderança Diplomática de Abigail

Abigail é o exemplo típico de uma mulher que era a líder e um negócio agrícola em parceria com seu marido, além de ser a líder moral e espiritual de sua família. Ela não foi muito feliz em seu casamento, já que seu marido Nabal é descrito na Bíblia como uma pessoa má e insensível, a ponto de ofender Davi e seu grupo depois que Davi protegeu sua fazenda. Revoltado, Davi decidiu se vingar e tirar a vida de Nabal e seus trabalhadores. É aqui que aparece a liderança de Abigail. Embora o chefe fosse Nabal, os funcionários tinham melhor relacionamento com Abigail e confiavam mais nela. Por isso, um deles se dirigiu a ela e contou sobre a ameaça de morte que precisava de atenção imediata.

Com iniciativa e diplomacia, Abigail imediatamente forneceu da fazenda os bens necessários para fornecer comida para todo o grupo de Davi, o que mostra que ela tinha autonomia sobre a propriedade e os recursos da fazenda. De acordo com a Bíblia, Abigail não perdeu tempo.

Então, Abigail se apressou, e tomou duzentos pães, e dois odres de vinho, e cinco ovelhas guisadas, e cinco medidas de trigo tostado, e cem cachos de passas, e duzentas pastas de figos passados, e os pôs sobre jumentos, e disse aos seus jovens: Ide adiante de mim, eis que vos seguirei de perto. Isso, porém, não declarou a seu marido Nabal. (I Samuel 25:18-19).

Com bom senso e diplomacia, ela foi pessoalmente negociar a paz com Davi e seu grupo, e conseguiu mudar o projeto de Davi, restaurando a paz entre as duas partes. Mais tarde, Nabal morre e Abigail se torna esposa de Davi. Em suma, é preciso liderança e sabedoria para exercer o ministério da diplomacia em diferentes áreas da vida e da igreja.

A Mudança de Paradigma de Ruth

A liderança de Ruth veio em um momento de crise. Antes da crise, Ruth parecia uma mulher comum, e não tinha muita oportunidade de exercer sua liderança. Ela vivia na terra de Moabe e casou-se com um imigrante israelense, com quem viveu bem por vários anos. Mas o marido faleceu e veio a crise. Ser viúva e desempregada era uma crise para qualquer mulher naquela época. A sogra, consternada por ter perdido o marido e os dois filhos, decidiu voltar para Israel e foi se despedir de Rute. Foi quando a liderança de Ruth apareceu, e ela viu que, em vez de lamentar a sua sorte, era hora de fazer uma mudança de vida e uma mudança de paradigma.

Sem marido, pai ou sogro, ela decidiu tomar a frente e dar proteção à sogra viúva e acompanhá-la de volta a Israel, abandonando sua própria terra e seu povo. E quando a sogra alertou para o risco de ser viúva e estrangeira num país que lhe era estranho, Rute proferiu as palavras imortais: "Não me instes a que te abandone e deixe de seguir-te. Porque onde quer que tu fores, irei eu; e onde quer que pousares, ali pousarei eu; o teu povo será o meu povo, o teu Deus será o meu Deus." (Rute 1:16). A liderança de Rute foi recompensada com uma nova família, novo status social e novas propriedades. A história de Ruth nos diz que liderança significa mudar circunstâncias e quebrar paradigmas em vez de ser dominado por velhos paradigmas!

A Liderança Visionária de Rebecca

Em uma cultura dominada por homens, Rebeca vivia protegida e controlada pelos homens da família, seu pai e seu irmão. Os dois tomavam todas as decisões importantes da família e, aparentemente, Rebeca não tinha muita voz na família, de acordo com a cultura da época. Mas a liderança de Rebeca apareceu no momento em que surgiu uma oportunidade. Quando o servo de Abraão, chamado Eliezer, transmitiu-lhe o pedido de casamento de Isaque e a convidou para acompanhá-lo, a família sentiu um misto de alegria e preocupação com a partida da filha. Superprotetores, o pai e o irmão tentaram controlar a situação pedindo que ela ficasse mais dez dias. Muito relutantes, perguntaram-lhe a opinião. Nesse momento, a liderança de Rebeca aparece, e ela assumiu o controle de sua própria vida, tomando a decisão de sair no mesmo dia, demonstrando a determinação de uma líder. Com sua visão de futuro, ela percebeu que Deus tinha um plano superior para a vida dela. E partiu em busca de um novo destino, que mudaria toda a sua vida e que daria origem à nação de Israel. Ou seja, faz parte da liderança discernir o futuro e saber tomar a decisão certa no momento certo!

A Liderança Compassiva da Dorcas

Dorcas ou Tabitha é a líder bíblico que melhor ilustra o princípio da liderança servidora. Dorcas foi uma líder de sucesso em tudo o que fez. Em sua vida profissional, montou uma organização de confecções que produzia diversos modelos de roupas. Na vida pessoal, tinha patrimônio e estabilidade econômica. Mas, de acordo com a Bíblia, foi na vida espiritual que Dorcas encontrou sua missão de empreendedorismo e liderança: desenvolveu um ministério altruísta para ajudar viúvas carentes. Naquela época, as viúvas não tinham nenhuma pensão de seus maridos, e dependiam inteiramente da assistência social e da caridade de outros. Com amor e compaixão, a empresária Dorcas colocou sua organização a serviço dessas viúvas, fornecendo roupas a todos que precisassem. De repente, Dorcas adoeceu e morreu, e com sua morte, todas aquelas viúvas ficaram desamparadas.

Embora Dorcas fosse muito respeitada entre o povo de Jope, parece que ela mesma não percebia o impacto de seu trabalho. Ela fez falta entre o povo de tal forma que Deus decidiu devolvê-la ao povo por um poderoso milagre através de apóstolo Pedro (Atos 9:40). Na verdade, a liderança do amor é tão valiosa que uma vida não foi suficiente para Docas. Deus a ressuscitou para que ela pudesse continuar a liderança do amor. A história de Dorcas nos diz que o amor é a forma mais sublime de liderança!

Liderança e Missão na Vida de Esther

Ester começou a vida enfrentando um drama pessoal. Ela nasceu com todos os ingredientes para o fracasso: órfã e escrava, cativa em um país estrangeiro.

Escravos e cativos não tinham sonhos nem ideais. Eles não tinham o direito de lutar por nada na vida, ou mesmo de sonhar em ser algo diferente. Quem nascesse escravo ou cativo assim permaneceria até a morte. Não havia opção de mudar de classe social e deixar de ser escravo. Esse era o status social que Ester detinha no Império Persa. Foi assim que ela nasceu, e era assim que ela morreria. Esse era o seu destino.

De repente, tudo mudou na vida de Ester. Selecionada e convocada pelos oficiais do rei como candidata a rainha, a menina tímida e envergonhada venceu o concurso e se tornou a rainha de um império mundial. E depois de se tornar rainha, ela começou a influenciar positivamente as decisões do império. Por causa de sua influência, o rei fez doações aos pobres, reduziu os impostos e melhorou a sorte dos mais pobres e estrangeiros.

Quatro anos depois de chegar ao palácio, Ester enfrentou a maior crise de sua vida. E é nas crises que o valor das pessoas se manifesta. Devido à arrogância política e manipulação de um inimigo de seu primo, um decreto real condenou todos os seus compatriotas à morte. E o pior: era um decreto real, assinado pelo rei, seu próprio marido. Cartas foram enviadas por mensageiros a todas as províncias imperiais com a ordem de exterminar e aniquilar completamente todos os judeus, jovens e velhos, mulheres e crianças, em um único dia. O rei Assuero emitiu um decreto para matar todos os judeus do império, destruindo o povo a quem ela pertencia.

A liderança de Ester foi impulsionada pela missão. Ninguém conhecia a liderança de Ester até a crise chegar. Ester era a única pessoa no mundo que tinha influência para interceder por seu povo. E esse era um cargo de liderança só para uma mulher. Não havia nenhum homem no mundo inteiro que pudesse preencher esse lugar de liderança e interferir no decreto real. Esse foi um desafio único e exclusivo para a liderança feminina. Em outras palavras, naquela situação específica, a liderança masculina era totalmente inútil. É por isso que seu primo lhe disse as palavras inspiradas: "Pois, se de todo te calares agora, de outra parte se levantarão socorro e livramento para os judeus, mas tu e a casa de teu pai perecereis; e quem sabe se não foi para tal tempo como este que chegaste ao reino?" (Ester 4:14). De fato, há sempre um lugar único para mulheres únicas assumirem uma posição única de liderança.

Em suma, na cultura da época, ninguém podia visitar o rei sem ser convidado, correndo risco de pena de morte, mesmo para a rainha! Foi aqui que Esther usou suas habilidades de liderança para mudar a história. Ester não sabia qual seria o resultado. Se o rei estivesse de mau humor ou se irritasse com sua quebra de protocolo ao entrar sem ser convidada, tudo o que ele tinha que fazer era ignorá-la para que ela fosse condenada à morte. Mas se ele fosse favorável e estendesse seu cetro em direção a ela, as portas seriam abertas para ela.

A experiência de Ester revela algumas qualidades que estão implícitas na liderança feminina. Em resumo, vejamos algumas qualidades de Ester como líder:

• **Visão e propósito** – Esther mostrou que, além de sua beleza exterior, ela tinha valor interior, uma visão holística e um propósito robusto. Ela visualizou que não há oportunidade sem um propósito. Ela visualizou que a oportunidade que Deus lhe deu tinha um propósito por trás disso, e que esse propósito não era sua conveniência pessoal. O propósito de Deus era maior do que seu conforto pessoal. Como líder, ela seguiu sua visão do propósito de Deus.

• **Determinação** – Mesmo correndo risco de morte, ela decidiu visitar o trono do rei, e disse com determinação: "Embora seja contra a lei, eu irei ver o rei. Se perecer, pereci." (Ester 4:16). Com coragem, ela não se sentiu intimidada pela lei e pelo protocolo, pois sua missão estava acima do protocolo.

• **Compromisso espiritual** – Como líder da fé, Ester estava espiritualmente comprometida com sua missão e pediu a todas as pessoas que orassem pedindo a ajuda de Deus para seu projeto de liderança. Com sensibilidade espiritual, ela sabia que o sucesso de sua missão dependia do favor e do poder de Deus, então ela queria ter certeza de que Deus estava do seu lado.

- **Pensamento estratégico** – Esther aproveitou a intuição e a sabedoria estratégica das mulheres. Quando o rei estendeu o cetro de aceitação, Ester já tinha preparado uma estratégia completa. em vez de pedir um decreto, ela convidou o rei para um banquete. Sua estratégia de missão incluía preparar o rei para uma grande missão!

- **Amor e compaixão** – Mediocridade e grandeza estão separadas por duas palavras simples: amor e compaixão! A capacidade de se importar com as necessidades dos outros é a base do altruísmo e da verdadeira liderança. Se tivesse pensado apenas em si mesma, Ester teria sido uma mulher comum, como a esmagadora maioria da humanidade. Mas Ester se identificou com seu povo, e a essência da compaixão é compartilhar nossa vida com outras pessoas. Ellen White aplicou esse conceito à vida cristã com as seguintes palavras: "Seria bom que aqueles que ocupam cargos de confiança em nossas instituições se lembrassem de que devem ser representantes de Jesus. A verdadeira bondade, a santidade, o amor, e a compaixão pelas almas tentadas devem ser revelados em suas vidas." [99]

Como resultado da visão, determinação e compaixão de Ester, o rei abriu as portas do palácio e reverteu o decreto, salvando uma nação inteira. Como o rei não podia revogar seu decreto, ele assinou outro decreto autorizando os judeus a se defenderem. Foi quando Ester colocou sua liderança nas mãos de Deus que Ester entendeu que sua missão era mais importante do que sua própria vida.

A crise em que seu povo estava mergulhado era exatamente a oportunidade que Deus estava dando para Ester cumprir a missão de sua vida. Foi exatamente para esse momento especial de crise que Deus transformou Ester em uma mulher especial, para que ela pudesse cumprir uma missão especial. As grandes oportunidades da vida muitas vezes aparecem em tempos de crise, e estamos vivendo um momento de crise de liderança em todos os lugares.

Historicamente, liderança tem sido percebida como mais relacionada às atividades dos homens, mas está claro que a colaboração de ambos os gêneros é o caminho para a realização mais produtiva da liderança e cumprimento da missão. De uma perspectiva espiritual, Ellen White diz que "a causa de Deus precisa de homens e mulheres que possuam raras qualificações e bons poderes administrativos." [100] De fato, como os homens sempre estiveram mais envolvidos em atividades de liderança, é hora de as mulheres ocuparem seu lugar na missão de Deus e usarem suas qualidades especiais e sensibilidade espiritual para mudar a história e fazer história!

Jesus e a Missão das Mulheres

Ao longo da história, sempre houve exemplos de mulheres de destaque em posições de liderança em diferentes partes do mundo. Mulheres notáveis se tornaram rainhas ou governadoras de grandes impérios, como Hatshepsut, imperatriz do Egito cerca de mil e quinhentos anos antes de Cristo. Cleópatra governou o Egito no primeiro século antes de Cristo. Isabel I de Inglaterra reinou quase meio século, a partir de 1558. Numa época em que o Império Russo estava se expandindo como uma das grandes potências da Europa, Catarina II, mais conhecida como Catarina, a Grande, governou como imperatriz da Rússia de 1762 até 1796. Maria Antonieta governou a França de 1774 a 1792. A rainha Vitória da Inglaterra reinou por sessenta e quatro anos, começando em 1837. Tantos exemplos de mulheres em cargos de liderança nos fazem pensar sobre o bom senso de uma civilização que continua discriminando as mulheres.[101]

Assim como na história recente, as mulheres não desempenhavam nenhum papel significativo na sociedade na época de Jesus. Do ponto de vista social, nascer mulher era considerado uma desvantagem, pois os papéis sociais dominantes pertenciam aos homens. Mas, mesmo naquela época, Jesus quebrou esse paradigma ao valorizar a dignidade da mulher. Naquela cultura, as mulheres eram como crianças, sem qualquer papel público na sociedade. "Elas não podiam se tornar discípulos de um escriba ou membros dos 'partidos' saduceu, fariseu, essênio ou zelote. O papel da mulher era o sexo e a maternidade. Jesus se destacou entre seus contemporâneos (e a maioria de seus liderados subsequentes) como alguém que deu às mulheres exatamente o mesmo valor e dignidade que os homens." [102]

A atenção de Jesus para com as mulheres era mais do que polidez ou justiça e muito mais do que ser politicamente correto. Surgiu do seu profundo sentido do valor das pessoas. Somente um líder com visão superior poderia discernir a inconsistência das práticas sociais tradicionais e desafiar a discriminação da sociedade, dando atenção ao valor das mulheres. Em contraste com os costumes da época, Jesus falou publicamente com as mulheres e valorizou sua dignidade como pessoas em várias ocasiões. Numa época em que as mulheres não desempenhavam papéis significativos na sociedade, Jesus deu atenção às suas necessidades e aceitou sua missão, incluindo-as como parte integrante de sua equipe de liderança e delegando-lhes a responsabilidade de administrar os bens materiais e serviços da equipe. O relato bíblico menciona essa participação das Mulheres na equipe de Jesus, como relata o Evangelho de Lucas:

> Logo depois disso, andava Jesus de cidade em cidade, e de aldeia em aldeia, pregando e anunciando o evangelho do reino de Deus; e iam com ele os doze, bem como algumas mulheres que haviam sido curadas de espíritos malignos e de enfermidades: Maria, chamada Madalena, da qual tinham saído sete demônios. Joana, mulher de Cuza, procurador de Herodes, Susana, e muitas outras que os serviam com os seus bens. (Lucas 8:1–3)

Lucas é o escritor evangélico que mais frequentemente menciona o papel das mulheres no ministério de Jesus. Ele é o único que menciona Isabel, mãe de João Batista, Ana, a profetiza, o cântico de Maria, a ressurreição do filho da viúva de Naim, e outras histórias centradas nas mulheres. Mas isso tem uma explicação: como os outros escritores evangélicos eram todos judeus, eles escreviam sobre coisas que interessavam aos judeus, e eles não valorizavam a participação das mulheres por razões culturais da época.

Lucas não era judeu, mas grego. Ele é o único autor bíblico não-judeu. Por essa razão, ele estava interessado na atenção que Jesus dava às minorias que eram negligenciadas pelos judeus. Ele também é o único que menciona, além das mulheres, a atenção que Jesus dava aos estrangeiros, o que não surpreende, já que o próprio Lucas era estrangeiro.

Não era comum que um rabino judeu incluísse mulheres em sua equipe. Isso diminuiria a imagem masculina aos olhos de uma sociedade machista como a que os judeus tinham. Mas Jesus sabia que elas eram as melhores administradoras dos aspectos materiais da jornada missionária, e ele apreciava a companhia delas. Uma das mulheres, Joana, era da alta sociedade, já que seu marido era um administrador de alto nível na corte real de Herodes. Seu marido provavelmente simpatizava com o ministério de Jesus e o ajudava com seus recursos pessoais.

Vários outros incidentes são relatados nas histórias bíblicas sobre a atenção personalizada que Jesus dava às mulheres, como suas amizades pessoais com Maria e Marta, irmãs de Lázaro, e o longo diálogo que ele conduziu com uma mulher samaritana em um lugar público, o que era tão incomum na cultura judaica que causava constrangimento e desconforto a seus discípulos. Outro exemplo é o perdão que ofereceu a Maria Madalena, acusada de prostituição e conduta imprópria. Não importa o caráter ou a reputação das mulheres em questão, Jesus ignorou o preconceito e valorizou as mulheres como pessoas, cuidando de suas necessidades e aceitando-as como parte de seu círculo íntimo.

O caso de Maria Madalena foi um típico incidente em que Jesus quebrou o paradigma da discriminação contra as mulheres e protegeu uma mulher condenada à morte pela sociedade sob acusações de adultério. O divórcio e o adultério eram tabus sociais que só oprimiam as mulheres. Ao contrário das mulheres, os homens tinham o direito legal de se divorciar por qualquer motivo. No caso de adultério, a lei previa punição para ambos os envolvidos, mas, na prática, a punição só era aplicada às mulheres. De acordo com o costume da época, "a lei judaica não permitia que a esposa iniciasse um processo de divórcio. O adultério, além disso, também era androcêntrico. Sempre foi um crime contra a honra masculina e os direitos masculinos." [103]

E foi nesse contexto que Jesus foi abordado no templo sobre a condenação de uma mulher adúltera por um grupo de acusadores homens. O grupo queria saber a opinião de Jesus sobre se a lei deveria ser respeitada. Você pode ler a história por si mesmo:

E, pela manhã cedo, voltou para o templo, e todo o povo vinha ter com ele, e, assentando-se, os ensinava. E os escribas e fariseus trouxeram-lhe uma mulher apanhada em adultério. E, pondo-a no meio, disseram-lhe: Mestre, esta mulher foi apanhada, no próprio ato, adulterando, e, na lei, nos mandou Moisés que as tais sejam apedrejadas. Tu, pois, que dizes? Isso diziam eles, tentando-o, para que tivessem de que o acusar. Mas Jesus, inclinando-se, escrevia com o dedo na terra. E, como insistissem, perguntando-lhe, endireitou-se e disse-lhes: Aquele que dentre vós está sem pecado seja o primeiro que atire pedra contra ela. E, tornando a inclinar-se, escrevia na terra. Quando ouviram isso, saíram um a um, a começar pelos mais velhos até aos últimos; ficaram só Jesus e a mulher, que estava no meio. E, endireitando-se Jesus e não vendo ninguém mais do que a mulher, disse-lhe: Mulher, onde estão aqueles teus acusadores? Ninguém te condenou? E ela disse: Ninguém, Senhor. E disse-lhe Jesus: Nem eu também te condeno; vai-te e não peques mais. (João 8:2–11).

Esses homens queriam punir Maria para desafiar a posição de Jesus sobre a obrigatoriedade da lei. Mas o que eles não esperavam era que Jesus conhecesse a Lei de Moisés tão bem ou melhor do que eles, em todos os seus detalhes e pormenores:

- Primeiro, a lei exigia a morte tanto do adúltero quanto da adúltera (Levítico 20:10).

- Em segundo lugar, apenas o marido da adúltera tinha o direito de tomar medidas legais contra os dois culpados.

- Em terceiro lugar, a lei dizia que as testemunhas deveriam atirar as primeiras pedras. (Deuteronômio 17:7).

Além disso, Jesus sabia que isso era uma armadilha. Se condenasse a mulher, os romanos o acusariam de exercer um poder judicial que só pertencia a Roma. Se absolvesse a mulher, seria condenado pelos judeus por transgredir a Lei de Moisés.

Exemplos de Liderança Feminina na História

Só para ilustrar, vamos relembrar os nomes de algumas mulheres que se tornaram internacionalmente famosas como líderes admiradas por sua influência em todo o mundo. Veja algumas delas:

• Um dos maiores símbolos universais da liderança feminina é Madre Teresa de Calcutá, que ficou conhecida pelo serviço abnegado às pessoas desfavorecidas, construindo orfanatos, abrigos para idosos e clínicas para doentes. Ela ganhou o Prêmio Nobel da Paz, e hoje seu trabalho de socorro se estende a milhões de pessoas ao redor do mundo!

• Uma líder de renome mundial foi a princesa Diana, que se destacou por seu trabalho humanitário. Apesar do relacionamento conturbado com o príncipe Charles e com a realeza britânica, ela era popular por sua simpatia natural com os pobres e marginalizados da sociedade.

E para citar um exemplo mais recente, a jovem paquistanesa Malala Yousafzai, que na adolescência desafiou as ameaças do Talibã ao fazer campanha em todo o mundo sobre o direito das meninas de irem à escola. Ela sobreviveu a ser baleada na cabeça por terroristas do Talibã e se tornou uma defensora global dos direitos das mulheres, especialmente o direito à educação.

Curiosidades Sobre a Liderança da Mulher

Quem tem mais vantagem na liderança: homens ou mulheres? Quais as vantagens e desvantagens de cada lado? Estas são perguntas difíceis de responder, até porque há muitos outros fatores envolvidos. Então, em vez de comparar, vamos falar sobre as qualidades da mulher como líder.

Estudos recentes comprovam que homens e mulheres possuem diversas qualidades diferentes, e que quanto maior a participação de ambos os sexos no processo de liderança, maior o desempenho da organização. De fato, "as organizações mais bem-sucedidas do futuro serão lideradas por equipes equilibradas de homens e mulheres comprometidos trabalhando juntos cooperativamente para produzir resultados extraordinários." [104]

Alguns dados de pesquisas recentes podem ajudar a entender a força da participação feminina no processo de liderança. Quando falamos em liderança feminina, é importante considerar o enorme impacto das mulheres no mundo corporativo e no mercado de trabalho. Shambaugh menciona alguns dados estatísticos significativos:

- "As mulheres fazem mais de 80% de todas as compras dos consumidores.

- "As mulheres representam mais de 50% da força de trabalho dos EUA. Em 2010, o número de mulheres na força de trabalho dos EUA aumentou em quase 10 milhões, uma taxa de crescimento quase um terço maior do que a dos homens.

- "As mulheres estão se formando duas vezes mais do que os homens em todas as disciplinas, nos níveis de graduação e pós-graduação.

- "As mulheres são donas de mais de 50% de quase metade das 10,6 milhões de organizações privadas nos Estados Unidos. Entre 1997 e 2004, a taxa de crescimento estimada do número de organizações pertencentes às mulheres foi quase o dobro da taxa de todas as organizações. [105]

De acordo com um estudo publicado há vários anos na *Harvard Business Review*, organizações com diversidade de gênero são 69% mais lucrativas do que outras organizações.

Mesmo assim, 78% dos cargos de alta liderança da maioria das organizações ainda são ocupados por homens.

Em outras palavras, a cooperação entre a liderança feminina e a liderança masculina é a fórmula ideal para o sucesso e equilíbrio de qualquer empreendimento de liderança! De fato, as histórias de mulheres na liderança mostram o poder de sua contribuição.

Características do Cérebro Feminino

Existe realmente alguma diferença entre a liderança feminina e a masculina? Quais as principais diferenças entre liderança masculina e feminina? Vejamos algumas características do cérebro feminino que enriquecem a liderança feminina. Confira:

1. Comunicação – As mulheres falam em média 8.000 palavras por dia e usam 10.000 gestos diferentes em sua linguagem corporal, enquanto os homens falam uma média de 4.000 palavras por dia e usam no máximo 3.000 gestos. Assim, as mulheres têm uma vantagem na comunicação!

2. Emoções – Estudos mostram que as mulheres usam mais o lado emocional do cérebro, enquanto os homens usam mais o lado racional, o que torna as mulheres mais sensíveis às pessoas. Por isso, elas tendem a ter mais sensibilidade.

3. Capacidade multifuncional – O cérebro masculino tende a separar as atividades em compartimentos por assunto, um de cada vez, enquanto as mulheres têm mais facilidade em lidar com vários assuntos ao mesmo tempo. Como resultado, eles levam vantagem na produtividade.

4. Atenção aos detalhes – As mulheres captam e armazenam mais informações através dos cinco sentidos do que os homens, por isso percebem mais e se interessam mais pelos detalhes. Então eles têm uma vantagem na percepção.

5. Intuição feminina – Muito pesquisada pela ciência, a intuição

ainda é um mistério. Em suma, intuição é a capacidade de perceber, discernir ou visualizar fatos e situações, independentemente de raciocínio lógico ou evidência. Em outras palavras, eles podem ter certeza de que algo vai acontecer, mesmo sem conseguir explicar o porquê. É aí que eles levam vantagem na tomada de decisão. E muitos homens não querem acreditar!

Como Desenvolver o Potencial de Liderança

Mas como as mulheres podem aproveitar essas características do cérebro feminino para desenvolver uma grande liderança? Vejamos algumas dicas de como desenvolver o potencial da mulher como líder.[106]

1. Seja autêntica – Em vez de tentar imitar os homens, seja você mesma! Ser autêntica significa ser fiel a si mesma, e isso começa com o autoconhecimento. Descubra quem você é, aceite suas limitações e explore seus pontos fortes e capacidade de servir aos outros.

2. Acredite na sua história – Cada pessoa tem uma história de vida para contar, e você pode escrever sua história de vida através da sua liderança. Seja apaixonada por seus valores e princípios e use seu testemunho para inspirar outras pessoas e motivá-las a seguir o caminho em que você acredita.

3. Desenvolva a serenidade e a docilidade das mulheres – Mais uma vez, não tente copiar a liderança masculina. O poder da liderança feminina está justamente em combinar docilidade com firmeza e determinação para fazer mudanças e realizar aquilo em que você acredita.

4. Suporte a pressão e oposição com resiliência e paciência, mas mantenha-se firme naquilo em que acredita.

5. Faça mudanças com prudência e cautela, mas tenha a coragem de não desistir de seus objetivos

6. Aproveite a intuição feminina – Estudos mostram que as mulheres têm um maior senso de observação e percepção da realidade, mesmo que as evidências não sejam aparentes. Este é um recurso poderoso para tomar decisões em situações difíceis que exigem confiança, apesar da incerteza.

7. Use o poder da emoção, do sorriso e do bom humor. Explore a simpatia e a empatia das mulheres de forma criativa para agradar e inspirar as pessoas. As pessoas gostam de seguir pessoas simpáticas, e este é um recurso poderoso que as mulheres podem facilmente desenvolver. Quando o coração é conquistado, as pessoas seguem a líder com prazer e alegria.

8. Explore bons relacionamentos com as pessoas. Em geral, as mulheres são mais fáceis de se relacionar com diferentes tipos de pessoas, e bons relacionamentos têm o poder mágico de conquistar a aceitação das pessoas.

9. Use o poder da comunicação das mulheres na linguagem verbal e corporal.

10. Apresente suas ideias de forma clara e bonita

11. Seja sucinta e direta ao ponto. As mulheres são artistas de detalhes, mas em vez de comunicar cada detalhe, selecione os detalhes mais relevantes para uma comunicação objetiva.

12. Fale com a razão e o coração das pessoas. As mulheres têm o poder de se conectar com os sentimentos das pessoas e isso inspira e conquista as pessoas.

O Poder da Liderança Feminina

Uma lição que podemos aprender com a história e com a experiência é que as mulheres podem explorar os recursos nos quais têm habilidades superiores, que são o poder da serenidade e da gentileza, o poder de usar a emoção e a simpatia positivamente, o poder da intuição para tomar decisões difíceis e o poder da comunicação verbal e corporal para falar e conquistar o coração, bem como inspirar as pessoas. Shambaugh descreve esse poder com as seguintes palavras:

As competências e habilidades que tendem a vir mais naturalmente para as mulheres estão se tornando mais pertinentes, e alguns até diriam "cruciais", no novo ambiente de negócios. Os pontos fortes da liderança feminina incluem criatividade, paciência, perseverança, intuição, empatia, inteligência social e de relacionamento, uma visão holística do mundo, um senso aguçado de observação, a capacidade de ver conexões entre pessoas e situações e uma predisposição para a colaboração e inclusão. [107]

Em outras palavras, há um potencial inigualável na natureza feminina que não pode ser substituído pela liderança masculina. Em suma, homens e mulheres têm qualidades únicas, e quanto maior a integração das qualidades femininas com as qualidades masculinas, maior o desempenho e os resultados positivos na liderança. É hora de valorizar a liderança feminina e desenvolver uma liderança autêntica!

SOBRE O AUTOR

Robson Marinho é professor e pesquisador da Andrews University, em Michigan, EUA. Pastor, jornalista e professor, foi Diretor de Pós-Graduação da Universidade de Santo Amaro, em São Paulo. Como escritor, é autor do livro *Leadership Legacy*, EUA, e co-autor do livro *Liderança: uma Questão de Competência*, pela Editora Saraiva, além de diversos livros e artigos em inglês e português sobre liderança, aprendizado e crescimento espiritual. Dr. Marinho é Ph.D. em Liderança do Ensino Superior pela Indiana University em Bloomington, EUA, mestre em Educação pela Andrews University, EUA, e mestre em Psicologia pela Harvard University (em andamento). Atualmente está trabalhando em seu pós-doutorado. Ele mora em Sodus, Michigan, EUA, com sua esposa, Claudia.

Referências

¹ Dweck, Carol *Mindset: The New Psychology of Success*. New York: Random House, 2006.

² Cashman, K. *Leadership from the Inside Out: Becoming a Leader for Life*. Berrett-Koehler, 2008. Kindle edition, p. 22.

³ White, Ellen G. (2010). *Christian Leadership*. Washington D.C.: Ellen White Estate, Inc., Kindle Edition, p. 23.

⁴ Abramson, Neil Remington. Gestão das Diferenças Culturais (p. 261). Taylor e Francis. Edição Kindle.

⁵ Marinho, Robson M. (2008). *A Arte de Pregar: Como Alcançar o Ouvinte Pós-Moderno* (The Art of Preaching: How to Reach Post-Modern Audiences). São Paulo: Edições Vida Nova.

⁶ ABHE - Association for Biblical Higher Education. Retrieved from: https://www.abhe.org/bibles-leadership-vocabulary-part-1/.

⁷ Perkins, Larry. Northwest Baptist Seminary. Retrieved from: https://moments.nbseminary.com/archives/105-describing-leadership-in-the-new-testament-proistemi-1-thessalonians-512/.

⁸ A. D'Souza, *Empowering Leadership: Lead with Vision and Strategy* (Atlanta: Haggai Institute, 2001), ix.

⁹ B. Bass e R. Bass. The Bass Handbook of Leadership: Theory, Research, and Managerial Applications (Nova York: Free Press, 2008), 5.

¹⁰ Bass, *The Bass Handbook of Leadership*, 2008, 15.

¹¹ M. Chemers, "Contemporary Leadership Theory," in *The Leader's Companion*, ed. J. Thomas Wren (New York: Free Press, Division of Simon and Schuster, 1995), 83.

¹² Richard J. Arneson and Bowle John Edward, "Political Philosophy," *Encyclopaedia Britannica*, https://www.britannica.com/topic/political-philosophy. Accessed on January 16, 2018.

¹³ Niccolo Machiavelli, *The Prince* (Ballingslöv, Sweden: Wisehouse Classics, 2015), Kindle edition, 43.

¹⁴ Bass, *The Bass Handbook of Leadership*, 2008, 21.

188

[15] J. M. Burns, *Leadership* (New York: Open Road Media, 2012), Kindle edition, Kindle locations 8930–32.

[16] R. J. Rummel, *Encyclopedia of Genocide*, ed. Israel W. Charny (Santa Barbara, CA; Oxford: ABC-CLIO, 1999).

[17] Burns, *Leadership*, 2012, Kindle locations 8946–49.

[18] Bass, *The Bass Handbook of Leadership*, 2008, 97.

[19] G. Northouse, *Liderança: Teoria e Prática* (Thousand Oaks, CA: SAGE Publications, 2010), p. 15.

[20] Northouse, *Leadership: Theory and Practice*, 15.

[21] Bass, *The Bass Handbook of Leadership*, 2008, 49.

[22] Bass, *The Bass Handbook of Leadership*, 2008, 50.

[23] Bass, *The Bass Handbook of Leadership*, 2008, 57.

[24] A. J. DuBrin, *Leadership: Research Findings, Practice and Skills*, 6th edition (Mason, OH: Cengage Learning, 2010), 101.

[25] Northouse, *Leadership: Theory and Practice*, 70.

[26] Hersey and K. Blanchard, "Behavioral Theories of Leadership," in *The Leader's Companion*, ed. J. Thomas Wren (New York: Free Press: Division of Simon and Schuster, 1995), 144.

[27] Bass, *The Bass Handbook of Leadership*, 2008, 49.

[28] Bass, *The Bass Handbook of Leadership*, 2008, 440.

[29] Bass, *The Bass Handbook of Leadership*, 2008, 440.

[30] Bass, *The Bass Handbook of Leadership*, 2008, 441.

[31] DuBrin, *Leadership: Research Findings, Practice and Skills*, 2010, 114.

[32] DuBrin, *Leadership: Research Findings, Practice and Skills*, 2010, 114.

[33] Burns, *Leadership*, 2012, 374–75.

[34] Bass, *The Bass Handbook of Leadership*, 2008, 143.

[35] Bass, *The Bass Handbook of Leadership*, 2008, 52.

[36] Northouse, *Leadership: Theory and Practice*, 2010, 111.

[37] Chemers, "Contemporary Leadership Theory," 1995, 84.

[38] Bass, *The Bass Handbook of Leadership*, 2008, 54.

[39] Chemers, "Contemporary Leadership Theory," 1995, 90–91.

[40] Chemers, "Contemporary Leadership Theory," 1995, 90–91.

[41] Chemers, "Contemporary Leadership Theory," 1995, 91.

[42] Bass, *The Bass Handbook of Leadership*, 2008, Kindle locations 2332–36.

[43] Burns, *Leadership*, 2012, 344.

[44] Burns, *Leadership*, 2012, 334.

[45] Bass, *The Bass Handbook of Leadership*, 2008, Kindle locations 2336–38.

[46] Chemers, "Contemporary Leadership Theory," 1995, 96.

[47] Chemers, "Contemporary Leadership Theory," 1995, 99.

[48] Bass, *The Bass Handbook of Leadership*, 2008, 15.

[49] Chemers, "Contemporary Leadership Theory," 1995, 97.

[50] Burns, *Leadership*, 2012, 20.

[51] Burns, *Leadership*, 2012, 4.

[52] Bass, *The Bass Handbook of Leadership*, 2008, 618.

[53] Bass, *The Bass Handbook of Leadership*, 2008, 616.

[54] Bass, *The Bass Handbook of Leadership*, 2008, 627.

[55] Burns, *Leadership*, 2012, 20.

[56] Bass, *The Bass Handbook of Leadership*, 2008, 51.

[57] Skiena and C. B. Ward, "Who's Biggest? The 100 Most Significant Figures in History: A Data-Driven Ranking," *Time*, December 10, 2013, http://ideas.time.com/2013/12/10/whos-biggest-the-100-most-significant-figures-in-history/.

[58] Bass, *The Bass Handbook of Leadership*, 2008, 627.

[59] Bass, *The Bass Handbook of Leadership*, 2008, 51.

[60] A. Mcgee-Cooper and E. D. Trammell, "From Hero-as-Leader to Servant-as-Leader," in *Focus on Leadership*, ed. L. Spears and M. Lawrence (New York: John Wiley & Sons Inc., 2002), 141–52.

[61] L. Spears, *Reflections on Leadership* (New York: John Wiley & Sons Inc., 1995), 4–7.

[62] Bass, *The Bass Handbook of Leadership*, 2008, 213.

[63] Bass, *The Bass Handbook of Leadership*, 2008, 214.

[64] Bass, *The Bass Handbook of Leadership*, 2008, 213.

[65] M. J. Wheatley, *Leadership and the New Science: Discovering Order in a Chaotic World* (San Francisco: Berrett-Koehler, 2006), pp. 13–14.

[66] Mcgee-Cooper and Trammell, "From Hero-as-Leader to Servant-as-Leader, 145–46.

[67] S. M. Bethel, "Servant Leadership and Corporate Risk Taking: When Risk Taking Makes a Difference," in *Reflections on Leadership*, ed. L. Spears (New York: John Wiley & Sons Inc., 1995), pp. 4–7.

[68] P. Kerlinger. *How Birds Migrate* (Mechanicsburg, PA: Stackpole Books, 2016). Kindle edition, Kindle locations 2537–382537–38.

[69] Kouzes, James M.; Posner, Barry Z. *The Leadership Challenge*. San Francisco: Wiley. Kindle Edition, p. 50.

[70] R. M. Marinho e J. de Oliveira, *Liderança: Uma Questão de Competência* (São Paulo, Saraiva, 2005), 4.

[71] R. M. Marinho, *How Faculty Learn to Use Instructional Technology: An Exploration of Personal Experiences* (doctoral diss., Indiana University at Bloomington, 2004), 431, AAT 3122708, Source: DAI-A 65/02.

[72] O. Kroeger, J. Tuesen, and H. Rutledge, *Type Talk at Work* (McHenry, IL: Delta, 2009).

[73] Robbins, Stephen P. & Judge, Timothy A. *Organizational Behavior.* Boston: Pearson Education. Kindle Edition, 141.

[74] A. Gregorc, *An Adult's Guide to Style* (Columbia, CT: Gregorc Associates, Inc, 1985).

[75] King, Sara N.; Altman, David; Lee, Robert J. *Discovering the Leader in You: How to Realize* Your Leadership Potential. Center for Creative Leadership. San Francisco: Wiley. Kindle, 1.

[76] Crossan, J. Dominic. *Jesus: A Revolutionary Biography.* N. York: Harper One; Illustrated edition, 2009, 35.

[77] Kouzes, James M.; Posner, Barry Z. *The Leadership Challenge.* San Francisco: Wiley. Kindle Edition, p. 351.

[78] Wheatley, M. J. *Leadership and the New Science.* San Francisco: Berrett-Koehler Publishers. Kindle Edition, 2006, Kindle location, 469.

[79] K. Cashman, *Leadership from the Inside Out: Becoming a Leader for Life* (San Francisco: Berrett-Koehler Publishers, 2008), Kindle edition, 82–83.

[80] B. Bass and R. Bass, *The Bass Handbook of Leadership: Theory, Research, and Managerial Applications* (New York: Free Press, 2008), 56–57, referring to S. Freud, *Group Psychology and the Analysis of Ego* (London: International Psychoanalytical Press, 1922.

[81] Bass, *The Bass Handbook of Leadership,* 775.

[82] B. Tuckman, "Developmental Sequence in Small Groups," in *The Leader's Companion: Insights on Leadership through the Ages,* ed. J. Thomas Wren (New York: Free, 1995), 355–59.

[83] Oliveira, Fábio M.; Posner, Barry Z.; *The Leadership Challenge.* San Francisco: Wiley. Edição Kindle, 2007, p. 344.

[84] Holpp, Lawrence. *Managing teams.* New York: McGraw-Hill, 1999, 111.

[85] Holpp, Lawrence. *Managing teams.,* 1999, 110.

[86] White, Ellen G. (2010). *Testimonies for the Church,* vol. 9. Washington D.C.: Ellen White Estate, Inc., Kindle Edition, 89, 190.

[87] Goleman, Daniel; Boyatzis, Richard E.; McKee, Annie. *Primal Leadership: Learning to Lead with Emotional Intelligence.* Harvard Business Review Press. Kindle Edition, Location 212.

[88] Goleman, *Primal Leadership,* 40.

[89] Huitt, W. "Maslow's hierarchy of needs." *Educational Psychology Interactive.* (Valdosta, GA: Valdosta State University, 2007). Retrieved November 1, 2015, from, http://www.edpsycinteractive.org/topics/regsys/maslow.html.

[90] Harris W. Lee, *Effective Church Leadership* (Minneapolis: Augsburg, 1989), 145-153.

[91] Harris W. Lee, *Effective Church Leadership,* 153.

[92] Crossan. *Jesus: Uma Biografia Revolucionária,* 27–28.

[93] Crossan. *Jesus: Uma Biografia Revolucionária,* 45.

94 Hutchens, D. *Shadows of the Neanderthal: Illuminating the Beliefs That Limit Our Organizations.* Williston, VT: Pegasus Communications, 1999, 82.

95 Delers, A. & Van Steenkiste, I. (2015). *Pareto's Principle: Expand your business with the 80/20 rule.* 50Minutes.com, Kindle Edition, 3.

96 Kent State University, Center for Corporate and Professional Development. "Know the difference between coaching and mentoring." Retrieved from: kent.edu/yourtrainingpartner/know-difference-between-coaching-and-mentoring. June 17, 2023.

97 Andrew J. DuBrin, *Leadership: Research Findings, Practice, and Skills* (Boston: Houghton Mifflin Company, 1995), 219-222.

98 Andrew J. DuBrin, 1995.

99 White, Ellen G. (2010). *Christian Leadership.* Washington D.C.: Ellen White Estate, Inc., Kindle Edition, 12.

100 White, Ellen G. (2010). *Christian Leadership.*, p. 23.

101 Marinho, Robson (2018). *Leadership Legacy—Chance or Choice: Stories and ideas to develop your own legacy.* Dowagiac, MI: Global Learning Publishing.

102 Crossan. *Jesus: Uma Biografia Revolucionária,* 70–71.

103 J. D. Crossan, *The Historical Jesus: The Life of a Mediterranean Jewish Peasant* (New York: HarperCollins, 2010), Kindle edition, 301.

104 Shambaugh, Rebecca. *Make Room for Her: Why Companies Need an Integrated Leadership Model to Achieve Extraordinary Results.* McGraw-Hill, 2012. Kindle Edition, 5.

105 Shambaugh, Rebecca, 34.
106 Shambaugh, Rebecca, 137.
107 Shambaugh, Rebecca, 12.

Made in the USA
Monee, IL
30 June 2023

38214188R10115